Joachim Friebe

Gottes | Bild | Bearbeitung

Wir Christen, der Herrgott und Ich-bin-da
Erzählung und Kommentar

EDITION OCTOPUS

R. Schlichting

Joachim Friebe, »Gottes|Bild|Bearbeitung«
© 2009 der vorliegenden Ausgabe: Edition Octopus
Die Edition Octopus erscheint im
Verlagshaus Monsenstein und Vannerdat OHG Münster
www.edition-octopus.de
© 2009 Joachim Friebe
Alle Rechte vorbehalten
Umschlag und Satz: Veronika Chakraverty
www.v.chakraverty.de
Druck und Bindung: MV-Verlag

ISBN 978-3-86582-876-7

Für meine Töchter

Inhaltsverzeichnis

Einleitung

Gott ist Herrscher. Gott ist König. Gott ist der Herr der Welt.
Ist Gott das?

Für Christen ist er das. In Gottesdiensten und im kirchlichen Alltagsleben begegnet man solchen Bezeichnungen und Vergleichen auf Schritt und Tritt. Und es kann ja wohl kein Zweifel daran bestehen, dass es richtig und angemessen ist, Gottes Größe und Allmacht auf diese Weise anzuerkennen.

Einspruch! Wer solche Bezeichnungen und Vergleiche aus den Zeiten monarchischer Verhältnisse auf Gott anwendet, tut weder Gott noch dem christlichen Glauben noch sich selbst einen Gefallen. Die Gewohnheit, Gott ganz fraglos als Herrscher darzustellen, als König, als allmächtigen Herrn, behindert eher den Glauben, als dass sie ihn fördert.

Das will ich mit diesem Buch erläutern. Ich möchte dafür werben, über die Vorstellung von Gott als einem Herrscher hinaus zu wachsen. Wem das gelingt, der hat es leichter, zum Kern der christlichen Botschaft vorzudringen, ihre Faszination zu erfassen und sie als Kraftquelle für die Bewältigung des eigenen Lebens anzunehmen.

Wem die kirchlichen Sprachgewohnheiten vertraut sind, der weiß: Am häufigsten wird für Gott weltweit in allen Kirchen, allen Sprachen, die Bezeichnung *der Herr* verwendet, ein Titel, der aus monarchischen Zeiten stammt, oft in biblischen Texten vorzukommen scheint und für absoluten Machtanspruch steht. Gottesdienstliche Gebete beteuern, Gott, der Herr, regiere von Ewigkeit zu Ewigkeit. Lieder loben den Herrn des Himmels und der Erde, den sie auf dem »höchsten Thron« sitzend darstellen. Die Gläubigen ehren »Gott in der Höhe«, flehen ständig und unisono um seine Gnade und sein Erbarmen. Die Christenschar »liegt vor Seiner Majestät« im Staube. Auf Altargemälden thront Gottvater mit der Weltkugel in seiner Hand. Umgangssprachlich reden viele vom *Herrgott* und erwarten Beistand von *Dem da oben.*

Solche Bilder haben sich tief in unsere Fantasie eingegraben und erhalten durch die kirchliche Sprachregelung immer neue Nahrung. Gleichzeitig aber meldet die uralte Frage heftigen Zweifel an: Warum lässt der allmächtige Herrgott so viel Leid und Grausamkeit zu? Warum verhindert Gott so viel Unheil nicht, obwohl er es verhindern könnte? Man sucht nach Lösungen und spricht von »unergründlichen Ratschlüssen Gottes«, denen man sich nun einmal zu ergeben habe.

Andere gelangen allmählich zu der Überzeugung, die Kirche sei in archaischen Denkmustern befangen. Sie erwarten von ihr keine weitere Hilfe für die Suche nach dem Sinn des Lebens und wenden sich ganz ab.

Die biblische Tradition und die christliche Lehre sind jedoch längst zu einem völlig anderen Denken über Gott vorgedrungen. Ein Glaube, der sich auf die biblischen Schriften und auf die christliche Lehre stützen will, muss nicht stehen bleiben bei dem Gottesbild eines Herrschers, der die Welt in schauererregender Unbegreiflichkeit lenkt. Doch die im Hinblick auf Gott gebräuchliche Kirchensprache stellt dafür ein Hindernis dar. Sie lenkt den Blick nicht konsequent genug auf den Kern jener Botschaft, die die Kirche doch eigentlich verkünden will.

Ich versuche, diesen Kern der christlichen Botschaft mit wenigen Worten zu umschreiben. Es beginnt mit der Einsicht: Gott hat den himmlischen Thron, auf dem die Menschen ihn in ihrer Fantasie sitzen sahen, verlassen. Gott ist, wie es schon in der Berufungsgeschichte des Mose heißt, »herabgestiegen« und lebt in einer innigen Verbindung mit uns Menschen. *Gott ist Mensch geworden.* Gott kennt von innen heraus unsere Sehnsucht nach der Fülle des Lebens ebenso wie unsere Nöte. Gott hat kein Interesse an Schuldzuweisung und Bestrafung. Gott verhält sich uns gegenüber wie ein Anführer auf einem Weg, der aus Fesseln und Abhängigkeiten heraus in die Freiheit eines »Gelobten Landes« führt.

Mit diesem Gelobten Land, der »Neuen Welt Gottes«, beteuert das Christentum, hat Gott uns eine Zukunft zugedacht, die vollständig von Liebe geprägt ist. Gott ermutigt zum Mitkommen auf dem Weg dorthin und fordert auf zum Vertrauen. Der Weg ist lang und oft mühsam, und bei der Überwindung der Hindernisse erwartet Gott die Mitarbeit der Menschen. Gott lenkt den Lauf der Welt nicht ohne die Menschen. Darum stattet Gott uns aus mit Macht von seiner Macht. Gottes Macht greift nicht in irgendwelche Prozesse gewaltsam ein, sie erwächst vielmehr aus der Liebe heraus und aus der fürsorglichen Aufmerksamkeit füreinander, aus dem gemeinsamen Streben nach der Verwirklichung eines Ideals.

Das geeignete Bild für eine solche Vorstellung vom Verhalten Gottes uns Menschen gegenüber ist aber *nicht* ein herrschender Monarch. Denn eine Beziehung in inniger Gemeinschaft und Liebe unterscheidet sich grundsätzlich von einer Beziehung auf der Basis von Herrschen und Gehorchen.

Die »Menschenfreundlichkeit« Gottes, lehrt das Christentum, wurde sichtbar in der Person des Jesus von Nazareth. Sie gilt allen Menschen. Jesus Christus, Mensch gewordener Gott, ist nicht gekommen, um zu herrschen, sondern um zu dienen, und er bleibt bei uns »bis ans Ende der Welt«. Er sieht in seinen Anhängern Geschwister und nennt sie nicht mehr Knechte, sondern Freunde.

Das ist die Botschaft des Christentums. Mit dieser Darstellung des Verhältnisses zwischen Gott und den Menschen unterscheidet es sich von anderen Religionen.

Darum: Erst wer Gott in seinen Gedanken nicht hoch über uns ortet, sondern sich Gott denkt in einer innigen, fürsorglichen Verbundenheit mit uns Menschen, erreicht die höchste Stufe biblischer Gottesvorstellung. Erst wer sich aufgerufen fühlt, *gemeinsam* mit Gott den Weg in die Freiheit und in die Lebensfülle des Gelobten Landes zu gehen, erst wer es wagt, sich als Gottes Freundin, als Gottes mit Macht ausgestatteten Mitarbeiter zu betrachten, hat die Kernbotschaft des Christentums wirklich in sich aufgenommen. Sie oder er wird dann in Gott einen *Befreier* sehen, eine liebende *Mutter*, einen fürsorglichen *Vater*, einen *Wegbegleiter* und *Wegführer*, eine vertraute *Freundin*, einen allerbesten *Freund*.

Diese Gottesvorstellung ist es, die eigentlich im Mittelpunkt des christlichen Lebens stehen müsste. Sie ist es, die auch die Sprache prägen müsste, die im Gottesdienst und im kirchlichen Alltag den Ton angibt. Bisher tut sie das jedoch nicht (mit Ausnahme des Vater-Bildes, oft freilich stilisiert zum »allmächtigen« Vater).

Man verweist als Rechtfertigung gern auf die biblischen Schriften, in denen oft die Rede ist von Gott als König, als Herr, als Patriarch, ja sogar als Kriegsherr. Solche Vergleiche für Gott waren in jener Zeit in allen Kulturen üblich und fest in der Fantasie auch der biblischen Autoren verankert. Man lebte in monarchischen Strukturen und übertrug monarchische Denkmuster auf Gott.

Die biblischen Schriften dürfen jedoch nicht als Lehrbücher mit lauter gleichrangigen Aussagen gewertet werden. Die Bibel bietet kein einheitliches und widerspruchsfreies Bild. Ihre einzelnen Schriften beschreiben vielmehr gerade das Suchen und Sehnen der Menschen nach Gott. Sie erzählen Lebensgeschichten und spiegeln Denkprozesse im steten Ringen um tiefere Erkenntnis. Sie relativieren und übersteigen schließlich die monarchischen Gottesbilder.

Doch schon bei der Übersetzung der Bibel und bei ihrer Weitergabe an nachfolgende Generationen zeigte sich, wie ungern sich die menschliche Fantasie vom Gottesbild eines Weltenherrschers löst.

Das wohl größte Opfer dieser Anhänglichkeit an eine monarchische Gottesidee ist der biblischer Gottesname *Ich-bin-da*. Dieser Name, der in der Dornbuschgeschichte verkündet wird, kann als kostbare Perle der Offenbarung nicht hoch genug eingeschätzt werden. Ein Name benennt in der Kultur des Orients das Wesen desjenigen, dem er gehört. Wie in einem Brennpunkt bündelt der Gottesname *Ich-bin-da* die Vorstellung von einem »herabgestiegenen« Gott, der unter uns lebt und mit uns auf dem Weg ist. Er hätte die biblischen Schriften in starkem Maße prägen sollen, denn in ihrer ursprünglichen Fassung kommt er über sechstausendachthundert Mal vor und ist so in den Texten fast allgegenwärtig.

Doch das Schicksal des Namens *Ich-bin-da* war es von Anfang an, mißverstanden und schließlich in allen Übersetzungen vollkommen verdrängt zu werden. Er wurde nicht überliefert, sondern schon in frühchristlicher Zeit vollständig gelöscht. An seiner Stelle setzte man überall die Bezeichnung »Herr« ein, und begründete das mit dem Hinweis auf Ehrfurcht und Frömmigkeit. Der ständig auftauchende »Herr« in den Texten der Bibelübersetzungen – und auf diesem Weg auch in allen Gottesdiensten bis auf den heutigen Tag – hat seinen erhöhten Platz zu Unrecht erhalten. Er erzeugt weiterhin ein Herren-Bild von Gott, das der Name *Ich-bin-da* im Originaltext der Bibel bereits abgelöst hatte.

Wer die Bibel als inspirierte Schrift versteht, könnte herauslesen: Gott hat das vorbiblische Bild eines himmlischen Monarchen korrigiert, verändert, ja geradezu verwandelt. Dieselbe Bibel sowie die Geschichten der christlichen Kirchen geben jedoch auch Zeugnis davon, dass vielen Menschen ein Ja zu diesem Veränderungsprozess sehr schwer fällt. »Gottes Bildbearbeitung« hat sich, so gesehen, noch immer nicht gegenüber der menschlichen »Gottesbild-Bearbeitung« durchgesetzt.

Die Sogkraft des alten Herrscherbildes wird schließlich auch an der widersprüchlichen Ausdrucksweise erkennbar, mit der die christliche Lehre von der Menschwerdung Gottes in Jesus Christus spricht. Man sah ihn, der bei uns bleiben will bis ans Ende der Welt, trotzdem schon in sehr früher Zeit »in den Himmel auffahren«, um seinen Platz auf dem Thron zur Rechten seines (anscheinend im »Himmel« verbliebenen) »allmächtigen Vaters« einzunehmen. Und als wichtigster Titel für Jesus wird in der Kirchensprache bis zum heutigen Tag nicht etwa Freund oder Bruder oder Begleiter und Führer verwendet. Als wichtigster Titel auch für Jesus gilt »Der Herr«.

Den Ursachen und den Auswirkungen dieser Phänomene also versuche ich nachzuspüren. Vor allem aber möchte ich Sie, liebe Leserinnen und Leser, ermutigen, das Bild des mit uns lebenden, mit uns gehenden Gottes mit dem Namen *Ich-bin-da* bewußt wahrzunehmen und ihm den Zugang zum eigenen Herzen zu gewähren. Ein neues und befreites Denken über Gott, ein Gefühl, als Gottes Mitarbeiterin und Gottes Freund wichtig und wertvoll zu sein, und ein herzhafter Entschluss, auch selbst Mitverantwortung für den Lauf der Welt zu übernehmen, wird Ihnen die Faszination des christlichen Glaubens (und seiner jüdischen Wurzeln) neu erschließen.

Um mein Anliegen möglichst anschaulich und lebensnah darzustellen, habe ich eine Erzählung erdacht. Sie soll miterlebbar und nacherlebbar machen, wie sehr die Art der Gottesvorstellung Leben und Glauben beeinflusst.

Den bibelwissenschaftlichen und geschichtlichen Hintergrund beleuchte ich im Anschluß an die Erzählung in einem theologischen Kommentar.

Dieses Buch ist nicht nur theologischem Studium zu verdanken. Es ist vor allem das Ergebnis vieler Begegnungen und Erfahrungen als Gemeindepfarrer und als Seelsorger in Psychiatrischen und allgemeinen Kliniken, als Prediger und Religionslehrer, als Liturg und Familienvater, und nicht zuletzt als einfacher Christ, der selbst im Glauben um Einsichten ringen muss, der sucht und betet und zweifelt und meditiert.

Ich weiß, dass es eine gewisse theologische Kühnheit darstellt, wenn ich dem mit so viel Emotionen beladenen Gottestitel »Herr« nicht nur den ersten Rang streitig mache, sondern ihm und der gesamten Terminologie aus dem Bereich des Herrschens attestiere, den Blick auf die eigentliche und wichtigste christliche Botschaft eher zu behindern als zu erleichtern. Doch ich bin davon überzeugt, dass der Abschied vom Bild eines »Herrgotts« nötig ist, um die befreiende Lebenskraft des christlichen Glaubens wirklich in das eigene Herz aufnehmen zu können. Viele haben mich bei meiner Arbeit zu dieser Thematik beharrlich begleitet und immer wieder ermutigt. Vor allem meiner Frau und meinen Töchtern danke hier von Herzen, speziell meiner Tochter Veronika Chakraverty für die Buchgestaltung, ebenso für alle Anregungen und kritschen Fragen meinem Lehrer, dem Nimwegener Pastoraltheologen Frans Haarsma, wie auch allen meinen Freundinnen und Freunden und meinen Kolleginnen und Kollegen im Seelsorgedienst in Gemeinden und Kliniken.

Ravensburg, April 2009
Joachim Friebe

Die Apothekerin

Umgeworfen

Mühelos bahnten sich an diesem milden Nachmittag im Juli die Sonnenstrahlen ihren Weg durch den hauchdünnen Wolkenschleier und ließen sich vom Wellengekräusel zu Millionen tanzender Glitzerpünktchen verwandeln. Die Touristen schoben sich in lockerer Prozession die Promenade entlang, unter ihnen Anna und Charly mit ihrem neunjährigen Sohn Jonas. Sie waren am Vormittag von Ravensburg aus, wo die drei bei den Großeltern eine Woche Urlaub und Besuch miteinander kombinierten, nach Friedrichshafen gefahren, hatten das Zeppelinmuseum besucht und fühlten sich jetzt reif für eine Rast in einem der Cafés am Ufer des Bodensees.

Charlys schneller Reaktion verdankten sie es, dass sie bald einen Tisch hier draußen fanden, der gerade frei wurde. Kaum hatte die Kellnerin aufgetragen, trank Jonas sein Glas in einem Zug leer und stand wieder auf. Er saß nicht gern geduldig an Kaffeetischen.

»Ich geh schon mal!«

Anna packte ihn am Ärmel. »Warte, Jonas, wir müssen einen Treffpunkt ausmachen.«

»Ich komme ja gleich wieder – lass mich doch los!« Mit einem energischen Schritt vom Tisch weg befreite er sich aus dem Griff seiner Mutter. Ein lautes Kreischen war die Folge, denn Jonas hatte mit seinem Rückwärtstritt eine Passantin glatt zu Fall gebracht. Charly und Anna sprangen auf, um zu helfen, dabei kippte der dünnbeinige Tisch zur Seite, zwei Kaffeegedecke und ein Glas zersplitterten auf dem Boden.

Was für ein peinliches Chaos. Tausend Entschuldigungen, beflissene Hilfsangebote, neugierige Zuschauer.

So lernten sie Ria kennen, die von Jonas umgestoßene Urlauberin aus Amsterdam, so um die fünfundvierzig, schätzte Anna. Die Holländerin rieb sich die Hüfte, beteuerte aber, es sei nichts Ernstes passiert. Sie kamen ins Gespräch, fanden aneinander Interesse, bestellten aufs neue einen Kaffee und spazierten später noch eine Weile miteinander am Seeufer entlang. Als sie sich verabschiedeten, sagten sie Du zueinander.

Am nächsten Tag ließ Anna in Ravensburg Mann und Sohn ihre eigenen Wege gehen, fuhr erneut die halbstündige Strecke nach Friedrichshafen und holte Ria in ihrer Pension zu einer Tour durch die Umgebung ab. Stolz zeigte sie der Urlauberin aus Amsterdam die Schönheiten ihrer oberschwäbischen Heimat, die verträumten Moorseen und Fischweiher, die verstreuten Gehöfte, die Obstplantagen und Hopfenfelder, die Weiler mit den kleinen Kapellen, in denen man sich zum Rosenkranzgebet traf, wenn jemand gestorben war.

»Wir waren richtig fromm als Kinder«, erinnerte sich Anna. Als sie zitierte: »Meine Mutter pflegte zu sagen: Vertrau auf den Herrgott, er wird's schon recht machen!«, legte sich ein Schatten über ihr Gesicht.

»Was ist? Du runzelst die Stirn, als müsstest du ein schwieriges Rätsel lösen.« Ria sprach ohne jede Mühe deutsch.

»Ach, nichts.« Anna strich sich mehrmals die Haare aus der Stirn und stellte am Rückspiegel herum.

»Wirklich nichts?«

Nach längerem Schweigen sagte Anna bemüht lässig: »Damals war ich natürlich auch der Meinung, der Herrgott droben werde alles gut machen, und ich war glücklich und zufrieden damit.«

»Denkst du das heute nicht mehr?«

Anna wich aus. »Schau, dort ist mein Elternhaus, und gleich zeige ich dir meine Heimatkirche, die wunderschöne barocke Pfarrkirche Weissenau – sie gehörte früher zu einer Prämonstratenser-

Abtei. Meine Erstkommunion dort, die Fronleichnamsprozessionen, die Orchestermessen an Ostern und Weihnachten – es war ein Stück Himmel auf Erden. Obwohl wir im Winter in den alten Gemäuern mörderisch gefroren haben. Aber das ertrugen wir einfach. Getraut wurden Charly und ich auch in dieser Kirche. Sogar mein Mann, der nüchterne Protestant, fand es himmlisch.«

»Hattest du damals keine Probleme – Katholikin heiratet Protestanten?«

»Nicht in unserer Stadt. Die Ravensburger bemühen sich seit der Reformation um gute Nachbarschaft zwischen beiden Konfessionen. Eine interessante Geschichte.« Anna zeigte sich gut informiert über das Prinzip der Parität, das nur in wenigen Reichsstädten, zu denen auch Ravensburg gehörte, gelebt wurde.

»Und wie hast du deinen Mann kennengelernt?« wollte Ria wissen.

»Als Studentin, in Freiburg. Charly studierte Biologie, ich Pharmazie. Er bekam schließlich einen Job in Düsseldorf, wo seine Eltern leben. Dort heirateten wir vor neun Jahren und wohnen bis heute dort. Ich arbeite mit einer halben Stelle als Apothekerin. Aber jedes Jahr verbringen wir eine Woche Urlaub bei meinen Eltern in Ravensburg. Wenn es nach meinem Heimweh ginge, Ria, müsste ich allerdings noch viel häufiger hier sein!«

Ria erzählte daraufhin, dass sie zusammen mit ihrem Lebensgefährten Henk ein kleines Geschäft in Amsterdam betreibe, Touristenkram eben, leider ein wenig zu weit weg vom Hauptstrom der Passanten, aber es laufe so einigermaßen. Hin und wieder verdiene sie sich als Fremdenführerin etwas dazu. Auf Annas Frage, wie es komme, dass sie so perfekt Deutsch beherrsche, berichtete Ria, ihr Vater sei Holländer, ihre Mutter jedoch stamme aus dem Rheinland. Übrigens, Henk habe die Hodgekinsche Krankheit, und die Medikamente, die Bestrahlungen – »du weißt schon« – Kinder bekommen sei nicht drin gewesen. »Er wollte nicht, dass wir heiraten. Ich soll mich nicht an ihn gefesselt fühlen, wenn es doch wieder schlimmer werden sollte mit dem Krebs.«

Ria verstummte, und Anna wusste nicht, was sie sagen sollte.

Sie hatten inzwischen die Weissenauer Basilika erreicht. Lange hielten sie sich in der Kirche auf, Anna erklärte und erzählte von früher, und in ihrer Stimme mischten sich Begeisterung und Distanz.

Gegen Abend steuerten die beiden Frauen wieder die Pension in Friedrichshafen an. Ria drängte ihre neue Freundin, noch ein bisschen zu bleiben. Sie gingen zur Seepromenade und suchten sich ein gemütliches Lokal.

»Du hast einen prächtigen Sohn, Anna,« meinte Ria, »auch wenn er manchmal ahnungslose Leute umwirft. Das musst du ihm unbedingt ausrichten!«

»Ja, das ist wahr. Jonas ist ein lieber Kerl.« Annas Stimme bekam plötzlich einen sehr müden Tonfall. »Jonas hatte noch eine Schwester, zwei Jahre jünger. Nadine hieß sie.«

Ria wagte nicht zu fragen, was mit Nadine passiert sei.

»Sie war so süß, Ria, sie strahlte mich an, dass mir das Herz aufging, sie kreischte vor Vergnügen, wenn sie auf Charlys Schultern reiten durfte. So ein fröhliches Kind, trotz ihres angeborenen Herzfehlers. Dann ließ sich die Operation nicht länger hinauszögern. Es ging nicht gut, sie konnten Nadine nicht mehr –« Anna versagte die Stimme, sie vergrub ihr Gesicht in den Händen und versuchte mühsam, die Tränen zurückzuhalten. Ria schob behutsam ihren rechten Arm über den Tisch hinüber, berührte mit den Fingerkuppen Annas Ellbogen und streichelte ihn ein wenig.

Anna suchte nach einem Taschentuch. Allmählich gewann sie ihre Fassung zurück.

»Ja, da ist dem Herrgott da droben ein Fehler unterlaufen in seiner Schöpfung«, sagte sie bitter. »Warum durfte unser Sonnenschein nicht weiterleben? Nadine hat doch nichts Böses getan! Oder wollte Gott mich strafen, oder Charly? Aber wofür denn? Was haben wir denn Schlimmes verbrochen?

»Es ist bestimmt keine Strafe!«,versuchte Ria vorsichtig einzuwenden.

»Aber was ist es dann, Ria? Warum fügt Gott den Menschen solche Schmerzen zu?«

»Ja, warum? Niemand weiß es.«

»Ich sehe so oft meine kleine Nadine vor mir, wie sie da liegt in ihrem Krankenbettchen, kreidebleich, die Infusion läuft, die Linien auf dem Monitor werden immer gefährlicher... Oft träume ich davon. Und dann sehe ich den Herrgott über uns sitzen wie auf einem Barockgemälde, im hellen Licht und mit der Weltkugel in der Hand. Aber sein Gesicht ist teilnahmslos. Nadine und ich interessieren ihn nicht. Er hat alles so eingerichtet, wie es eben ist, und vieles ist ihm dabei missraten, aber er lässt einfach alles laufen.«

Anna umklammerte das halb gefüllte Glas, das vor ihr stand.

»Sieh dir doch die Welt an, Ria. Betrachte die Natur, die der Herrgott so herrlich geschaffen hat. Du darfst bloß nicht näher hinsehen oder richtig nachdenken. Überall lauern Krankheiten und Tod, überall Grausamkeiten, die Welt ist ein grausamer Ort! So hat der liebe Herrgott die Welt eingerichtet. So spiegelt sich die Herrlichkeit Gottes in seiner Schöpfung!«

Annas Stimme zitterte. »Und ich frage dich, Ria, wie soll ich mir diesen Schöpfer denn nun vorstellen? Was ist das für ein Gott, der das alles in Gang gesetzt hat? Was ist das für jemand, Ria, der alles einfach so laufen lässt, wie es eben läuft, und nicht eingreift? Und die Menschen lässt er einfach machen, so unfähig und beschränkt und uneinsichtig, wie wir sind! Was ist das für ein Gott, der sieht, wie die Menschen und Tiere sich plagen und quälen und ängstigen, und einfach immer nur zuschaut und zuschaut und zuschaut?«

Anna hielt erschöpft inne. Ria hatte, während Anna redete, ab und zu ein Nicken angedeutet.

»Ich weiß nicht«, ergriff Anna noch einmal das Wort, »warum ich dich mit solchen Gedanken überfalle, Ria. Bitte, entschuldige. Ich weiß ja, dass die Welt nicht nur schlimm und grausam ist. Wir kennen uns erst einen Tag lang. Du hast jetzt Urlaub und brauchst Entspannung. Warum belästige ich dich damit?«

»Du belästigst mich keineswegs, Anna! Es treibt dich ständig um, es wollte einfach gesagt werden. Ich fühle mit dir, so gut ich nur kann. Und weißt du, was mich am meisten bewegt? Das ist – ich muss nachdenken, wie ich es ausdrücken kann – das ist – wie du dich« – Ria machte eine lange Pause – »ja, wirklich, wie du dich nach Gott sehnst. Ich meine, nach einem Gott, den du lieben kannst, und der nicht wie Kaiser Titus im Kolosseum von weit oben einem grausamen Spiel zusieht, das er selbst inszeniert hat. Das bewegt mich sehr.«

Als hätten diese Worte einen Damm gesprengt, schossen Anna Tränen in die Augen. Sie brauchte eine Weile, bis sie sich wieder beruhigte.

»Ich weiß auf das alles auch keine Antwort«, sagte Ria nach einer längeren Stille. »Ich versuche, diese ganz großen Fragen nicht zu stellen. Warum die Welt, die Menschheit, warum alles gerade so ist, wie es ist, und nicht anders – ich kann es ja doch niemals herausfinden, und niemand wird es mir jemals erklären können. Ich verdränge diese Fragen, ich versuche, mich auf gute Erfahrungen in meinem kleinen Alltag zu konzentrieren. Aber ob das auf die Dauer trägt, weiß ich nicht.«

»Was hältst du von der Kirche, Ria? Hilft dir die Religion? Du hast heute Nachmittag erwähnt, dass du oft Gottesdienste besuchst. Hilft es dir, Gottesdienste mitzufeiern? Früher hab ich das ganz regelmäßig getan. Seit Nadines Tod war ich nur noch zweimal in der Kirche. Ich kann es nicht mehr ertragen, wenn sie alle um mich herum singen ›Lobe den Herren, der alles so herrlich regieret‹. Ich kann es auch nicht mit anhören, wenn man mir suggerieren will, wir Menschen seien für alles Unglück selbst verantwortlich.«

»Kirche und Kirche ist für mich ein großer Unterschied«, erwiderte Ria. Sie erzählte von ihrer früheren Gemeinde, wo sie im Jugendchor mitsang, in ihrer Erinnerung die schönste Zeit ihres Lebens. »Komm mich doch bald mal besuchen, Anna. Ich nehme dich in Amsterdam mit in einen Gottesdienst, der dich ganz sicher ansprechen wird.«

Anna zeigte sich skeptisch. Doch andererseits, Ria in Amsterdam zu besuchen und mit ihr gemeinsam etwas zu unternehmen, und sei es, an einen Gottesdienst teilzunehmen – das reize sie schon sehr, beteuerte sie. Die beiden Frauen schmiedeten ausführliche Pläne für ein Wiedersehen in Amsterdam. Als sie sich zum Abschied umarmten, meinte Ria: »Wie gut, dass dein Sohn mich gestern umgestoßen hat!«

»Ja, wie gut!« bestätigte Anna. Auf der Heimfahrt nach Ravensburg fühlte sie sich leicht wie schon lange nicht mehr.

Ich-bin-da

Acht Wochen waren vergangen. Anna und Charly hatten sich an einem wolkigen Spätsommer-Freitag nach der Arbeit in Düsseldorf in den Zug nach Amsterdam gesetzt. Jonas wollte ein Fußballspiel nicht verpassen und war bei Charlys Eltern geblieben.

Der Freitagabend mit Ria und ihrem Partner Henk und der Samstag waren viel zu schnell vergangen. Nachdenklich saß Anna nun am Sonntag Vormittag in der Kirchenbank, eingezwängt zwischen den anderen Gottesdienstbesuchern. Ria hatte sie recht leicht zum Mitkommen überreden können. Charly und Henk hingegen hatten beschlossen, ihre Frauen sollten lieber ohne sie in die Kirche gehen, sie selbst wollten ihre metaphysischen Bedürfnisse im Rijksmuseum stillen vor den Bildern des guten alten Rembrandt.

Anna streifte immer wieder mit beiden Händen ihre dunkelblonden Haare nach hinten. Die vielen Kerzen da vorn an der rechten Seite, wofür brennen die eigentlich? fragte sich Anna. Sie konnte ihnen nichts zuordnen, kein Bild, keine Statue.

Sie hatten nur noch im hinteren Bereich der inzwischen überfüllten Kirche Platz gefunden. Von den gesprochenen und gesungenen Texten verstand Anna nur ab und zu einmal ein Wort. Doch fehl am Platze fühlte sie sich keineswegs, auch nicht fremd als Deutsche inmitten von Holländern in der Dominikuskerk, in dieser großen neugotischen Backsteinkirche in der Spuistraat, im Herzen von Amsterdam. Anna hatte die Kirche erst bemerkt, als sie schon davor standen – unauffällig, wie es zur Bauzeit Vorschrift gewesen war, passte sich der große Bau ein in die Reihe der hohen Häuser, ein paar Minuten nur vom Zentralbahnhof entfernt.

Ria flüsterte ihrer Freundin ab und zu einen Kommentar ins Ohr. Es war Anna nicht einmal unangenehm, dass sie kaum etwas verstand von der holländischen Sprache, so konnte sie vor sich hin träumen und die ungewohnte Atmosphäre umso intensiver erleben.

Mehr und mehr fühlte Anna sich umfangen von einer eigenartigen Faszination, so, als erlebte sie in diesen Minuten etwas Unwirkliches. Sie meinte das völlig Ungewohnte mit Händen greifen zu können. Hier waren nicht Wissende, erst recht nicht besser Wissende oder Urteilende versammelt, sondern Suchende. Keine Spur von jener Selbstsicherheit, die sich über alle Zweifel erhaben fühlt. Hier durfte auch sie zu den Suchenden gehören, zu den Unsicheren, zu den Skeptischen.

Sie merkte erfreut, dass sie diesmal nicht, wie sonst oft über solchen Gedanken, in quälendes Grübeln versank. Eher fühlte sie sich ein wenig euphorisch, gut aufgehoben mitten unter diesen Leuten hier.

Im Augenblick sangen sie einen Psalm, wechselnd zwischen dem Chor und allen Anwesenden. Der Dirigent (der große Chor hatte seinen Platz ebenso wie der Altar mitten in der Kirche) gab die Einsätze mit weit ausladenden Gesten, als müsste er ein ganzes Stadion mitreißen. Anna fand es theatralisch. Aber soll er doch, dachte sie großzügig.

»Was singt ihr gerade?« fragte sie Ria leise.

»Wenn Gott uns heimführt aus unserer Verbannung, das wird ein Traum sein!« flüsterte Ria. »Das ist der Psalm 126«.

Kaum einer, der nicht mitsang; dennoch blieb der Gesang im merkwürdigen Gegensatz zur Gestik des Chorleiters sehr verhalten. »Bin ich eine Verbannte? Ist die Welt ein Ort der Verbannung? Hat Gott uns hierher verbannt? Aber warum sollte er das getan haben? Damit er uns wieder heimführen kann?« Anna sah sich wieder ihrer vertrauten inneren Unruhe ausgesetzt. Sie konnte sich Gott nicht als guten, als mitfühlenden Gott vorstellen. »Ich bin gekränkt darüber, jawohl, gekränkt, wie Gott Versteck spielt mit mir und mit der Welt. Willkürlicher Gott, du!«

Anna wehrte sich gegen diese Gedanken, denn sie wusste, wie sie enden würden. Schon stiegen die Bilder in ihr auf: Nadines erloschenes Gesichtchen im weißen Kindersarg, die Friedhofskapelle, das Grab –

»Haben all diese Leute hier denn nichts Schlimmes in ihrem Leben durchgemacht?« versuchte Anna sich abzulenken. Sie blickte in einige der Gesichter. Nein, hier saßen nicht nur Glückspilze und naive Fromme. Wenn die alle hier um sie herum singen und beten konnten, warum dann sie nicht?

Alle standen auf, offensichtlich zum Schlusslied – Anna hatte kaum wahrgenommen, wie die Zeit verging. Obwohl Chor und Gemeinde bei diesem Lied unisono sangen und das Dirigieren gar nicht nötig schien, schwang der Chorleiter seine Arme fast ruckartig in großen Bögen, und diesmal ließen sich alle von ihm mitreißen. Die Töne kamen gleichmäßig in der Melodiespur eines alten Chorals, jedoch laut, schweren Schrittes, fordernd. Wie ein Lavastrom, der nach dem Ausbruch aus den Tiefen der Erde lieber weiter in den Himmel hinauf gestürmt wäre und sich nur widerwillig der hinderlichen Schwerkraft fügt, so drängten die gesungenen Worte unaufhaltsam aus den Herzen hinaus, glühend vor Sehnsucht und ärgerlich resignierend. Der Organist hatte fast alle Register gezogen, die Melodiestimme verstärkte er jetzt noch mächtig mit der wuchtigen Pedalposaune.

Ria hielt Anna das Gesangbuch hinüber, und Anna versuchte mühsam, während ihr allein schon wegen der Art des Gesangs Schauer über den Rücken liefen, ein paar Worte in der fremden Sprache mit zu singen. Sie musste den Inhalt dieses Liedes auf jeden Fall noch herausbekommen, nahm sie sich vor. Am Ende der letzten Strophe meinte sie etwas zu verstehen: *Zouden wij ik-en-niemand zijn...* – Das hieß doch vermutlich: *Sollten wir ich-und-niemand sein?* Wer, wir? Ich und Gott? Sangen sie gerade, ob etwa *ich-und-Gott* soviel bedeute wie *ich-und-niemand*? »Stark, das!« murmelte Anna, doch bevor noch eine heftigere Gemütsbewegung in ihr hochkommen konnte, dröhnte die Orgel bereits den Schlussakkord in den Raum hinein. Viele klatschten, als müssten sie sich gegenseitig bestätigen, das Lied jetzt grad, das kam uns aus vollem Herzen; und es begann ein allgemeines Hüsteln und Jacke Zurechtrücken und Handtasche Umhängen und Köpfe Recken, ob man Bekannte sah.

»He, wie hat es dir gefallen?« stieß Ria Anna in die Seite. »Wir können noch ein bisschen hier bleiben, da hinten gibt es Kaffee, okay?«

Die Leute drängten jetzt aus den Bänken, begrüßten sich, bildeten Grüppchen.

»Gut, dass du mich hierher mitgenommen hast!« erwiderte Anna. »Ich sehe mich noch ein wenig um.«

Am Kaffee lag ihr nichts. Nach den ersten zögerlichen Schritten gerieten wieder die Kerzen vorn an der Seitenwand in ihren Blick, und sie steuerte langsam darauf zu. Ach ja, jetzt konnte sie es erkennen. Was sie erst für eine bloße Verzierung an der Wand gehalten hatte, entpuppte sich als ein Wort, ein ziemlich langes, und wegen dieses Wortes, das war jetzt offensichtlich, brannten die Kerzen.

Ikzalerzijn buchstabierte sie die kunstvoll gemalte Schrift.

»Sprechen Sie deutsch?« fragte Anna eine junge Mutter. Die Frau hielt ihr Baby ziemlich nah vor die flackernden Kerzen, damit es die Flammen bestaunen konnte.

»Ein wenig, ja.«

»Könnten Sie mir bitte sagen, was da an der Wand steht?«

»Oh, ja, ich kann es mal probieren! Das sind eigentlich vier Worten, wissen Sie: Ik-zal-er-zijn, das ist der Name von Gott, so steht das in der Bibel, in dem Alten Testament. Das hat Gott zu Mose geantwortet, in der Wüste, als der Dornenbusch brannte. Dass man Gott so nennen müsste. Also, das heißt nämlich auf deutsch, wenn ich es gut weiß: *Ich werde dasein.* Der Name von Gott, darüber hatten wir mal einen Gottesdienst an einem Sonntag hier, ganz, ganz Eindruck weckend. Nach einer Weile hat man das hier installiert, und es brennen immer Kerzen, du findest oft keinen freien Platz mehr hier für eine neue Kerze.«

»Ich werde dasein«, wiederholte Anna, und sie stellte sich vor, wie es zusammengeschrieben auf deutsch aussähe: *Ichwerdedasein.*

»Genau, und übrigens, man kann ebengut übersetzen *Ik ben er,* also einfach *Ich-bin-da,* das ist ganz dasselbe Wort in der hebräischen Sprache. Gegenwärtig und zukünftig, das geht ganz und gar zusammen. Ich finde das wunderbar, ich liebe diesen Namen. Ich werde probieren, darüber auch mal mein Kind etwas zu lehren.«

Bevor Anna noch fragen konnte, wie das süße Baby denn heiße, zeigte sich dieses von seiner energischen Seite und begann zu zappeln und zu schreien. »Sorry, ich will jetzt mal besser nach Hause, tschau, een mooie dag, einen schönen Tag!«

»Danke, und euch auch!«

Anna stand wie angewurzelt. *Ich werde dasein. Ich-bin-da.* Der Name Gottes. Zukunft und Gegenwart zusammen.

Sie fühlte plötzlich, dass sie diesen Augenblick nie vergessen würde. Die Mutter mit dem Kind auf dem Arm. Ich liebe diesen Namen. Ich werde das auch mal meinem Kind beibringen. Das steht so in der Bibel. Der brennende Dornbusch. Gott antwortet dem Mose, dass man ihn so nennen soll.

Anna schloss ihre Augen.

Es kam ihr vor, als ginge soeben eine Schranke hoch vor ihr und gebe ihr einen Weg frei. Eine Saite in ihrem Inneren war in Schwingung geraten und erfüllte sie mit einem ruhigen, tragenden Ton.

Anna lehnte sich an die Säule, den Blick wieder auf die Kerzenflammen gerichtet, und versuchte, sich einen brennenden Dornbusch vorzustellen. Immerfort hörte sie diesen Namen in sich drinnen, *Ich werde dasein, Ich-bin-da.* Etwas in ihr antwortete darauf. *Wenn das dein Name ist, Gott, dann, ja dann…* Sie hätte es in diesem Augenblick niemandem erklären können, was in ihr vor ging, warum dieses Echo aus ihr kam. Sie wusste es nicht.

Ria stand plötzlich neben ihr. »Ach, hier bist du. Wie ist es, wollen wir gehen?«

»Ja - ja, warum nicht - natürlich, okay«, Anna kam langsam wieder zu sich, als wäre sie in einer anderen Welt gewesen. Ria schaute sie etwas verwundert an und wandte sich dann dem Ausgang zu.

Sie verließen die Kirche, draußen nieselte es. »Ganz seltenes Wetter heute in Amsterdam«, spöttelte Ria. Sie schwang sich wieder auf das Rad von ihrem Mann, das ihrige hatte sie Anna geliehen, und nach einer Viertelstunde stiegen sie ziemlich durchfeuchtet die schmale Treppe zu Rias und Henks Wohnung hinauf. Sie kochten sich eine Gulaschsuppe aus der Büchse und Salat dazu.

»Ich bin froh, dass es diese Gottesdienste in der Dominikuskerk gibt«, sagte Ria, »wenn ich mal einen Sonntag nicht dort bin, fehlt mir was Wichtiges«.

»Das kann ich verstehen, glaube ich«, meinte Anna nachdenklich. »Ria, erinnerst du dich an das Schlusslied? Wie hießen davon die letzten Zeilen?«

»Warte, einen Moment.« Ria suchte ein Liederbuch heraus. »Hier hab ich es, *Jij die voor alle namen wijkt,* der Text ist von Huub

Oosterhuis, wie sehr viele Liedtexte bei uns. Man könnte auf deutsch sagen *Du, der vor jedem Namen flieht.*« Der Schluss heißt - »

»*Der vor jedem Namen flieht?*«, unterbrach Anna erschrocken, »ihr habt in der Kirche vorn viele Kerzen aufgestellt unter dem Namen für Gott, er *hat* einen Namen, er heißt *Ich-werde-dasein* oder *Ich-bin-da.*«

»O ja, dieser Name! Ich erinnere mich gut an den Gottesdienst zu diesem Thema: Der Name Gottes. Aber eigentlich ist es auch wieder kein Name, jedenfalls keiner, wie Menschen ihn gewohnt sind. Ja, ich erinnere mich an diesen Gottesdienst, der hat mich sehr berührt. Gott sagt dem Mose: Ich bin da und ich werde dasein. Da kannst du auch heraushören: zuerst sollt ihr vertrauen und euch darauf verlassen, dass ich da bin, auch wenn ihr es nicht wisst, *wie* ich mich zeigen werde. Rechnet damit, dass es ganz anders ist, als ihr es euch vorstellt.«

Anna wiederholte langsam: »Einfach darauf vertrauen, dass ich da bin, auch wenn es ganz anders ist, als ihr euch vorstellt... – Ria, erzähl' mir mehr von diesem Gottesdienst!«

Ria dachte nach. Der Name, so sei es ihnen damals erklärt worden, sei für die Israeliten zu biblischer Zeit eine Wesenskennzeichnung gewesen. Man wollte den Namen Gottes kennen, also, man wollte wissen, was das Charakteristische an dem Gott ist, den man verehren soll. Es ging den Leuten nicht um eine ganz allgemeine Definition dafür, was *Gott* bedeutet, Urgrund allen Seins oder so ähnlich, Erstbeweger oder so etwas, nein, das war nicht ihr Problem. Sie wollten wissen, was Gott uns Menschen gegenüber für eine Einstellung hat. Denn auch damals, als die Bibeltexte nach und nach verfasst und immer wieder ergänzt wurden, hätten die Menschen mit den gleichen Fragen gerungen, wie wir heute: Warum zeigt sich Gott nicht deutlich? Warum müssen Unschuldige leiden? Warum leben skrupellose Menschen in Saus und Braus? Warum greift Gott nicht ein? Kümmert

Gott sich überhaupt noch um uns? Hat er wirklich ein Herz für die Schwachen, die Armen, für die, die sich selbst nicht helfen können, und die doch auch ein Recht auf Leben und Glück haben?

»Genau«, meinte Anna, »das sind genau die Fragen.«

»Und die Bibel steckt voller Versuche, darauf eine Antwort zu finden. Sie ist kein Lehrbuch, sie spiegelt sozusagen den Stand des damaligen Ringens um eine Vorstellung von Gott, vor allem in Gestalt von Erzählungen, Lebensgeschichten, von Visionen und Spruchsammlungen.«

»Ich weiß vom Inhalt der Bibel ziemlich wenig.«, murmelte Anna.

»Wenn ich nicht auf diese Gemeinde und ihre Gottesdienste in der Dominikuskerk gestoßen wäre, hätte ich die Bibel auch wohl kaum noch in die Hand genommen.«, gab Ria zu. »Aber man muss auch gar nicht alle Texte gelesen haben. Sie stecken manchmal auch voller Widersprüche. Aber einiges, einiges jedenfalls ist für mich sehr wichtig geworden, ich möchte sagen, es ist kostbar für mich. Es hilft mir. Ich halte mich daran fest, auch wenn mir niemand Sicherheit garantieren kann. Und dazu gehört diese Geschichte vom Namen Gottes.«

»Ein Teil der Geschichte vom Moses vor dem brennenden Dornbusch. Die Mutter mit dem Baby hat mich gerade in der Kirche daran erinnert. Moses hat die Frage nach dem Namen Gottes gestellt. Die Antwort war: *Ich-werde-dasein.* Man kann auch sagen: *Ich-bin-da.*«

»Der Name war damals, darum hat Moses diese Frage gestellt, etwas ganz Wichtiges. Mit seinem Namen schwindelt man nicht. Der Name ist etwas Heiliges. Auf einen Namen kann man sich berufen. Den kann man beschwören. Ungefähr so: Du hast doch gesagt, Gott, wir sollen dich *Ich bin da* nennen. Also, wir verlassen uns darauf! Zeige, dass du wirklich da bist! Mach es wie du willst, aber tu es wirklich!

Wir müssen doch irgendetwas davon merken, dass du da bist!«

Ria schwieg. Anna stand mit heftiger Bewegung auf, ging ans Fenster und starrte auf die unten vorbeirollenden Autos, ohne etwas zu sehen. Sie konnte die Empfindungen und Gedanken nicht ordnen, die gegen die Innenwände ihres Herzens und ihres Kopfes stießen, als hätte ein Sturm sie aufgewirbelt, ein Gemenge aus Hoffnung und zugleich Angst vor Leere und Enttäuschung. Mit seinem Namen schwindelt man nicht. Den kann man beim Wort nehmen. Merke ich denn irgendetwas von Gott in mir oder um mich herum? Merke ich irgendetwas von einer Kraft, die mich weiterdrängt, von einer Kraft, die mir Mut macht? Wie aus dem Nebel heraus formte sich ein vages Bild vor Annas Augen, viele Menschen, die ein Lied laut singen, immer lauter, schließlich schreien, *ich und niemand! Ich und niemand!*

Sie wandte sich Ria zu und sah, dass das Liederbuch noch aufgeschlagen vor ihr auf dem Tisch lag.

»Wie war das mit dem Lied, Ria? Das Lied, das ihr heute in der Kirche zuletzt gesungen habt. Du wolltest es mir übersetzen. Es geht mir um die letzte Strophe.«

Anna setzte sich neben Ria, die das Buch in die Hand nahm. Langsam und konzentriert fügte Ria die Worte auf deutsch zusammen.

»*Du, der mich kennt, du, der mich in seinen Bann zieht,*
ich, die dich mit Du anspricht, unverdrossen,
und die dich nicht vergessen kann, –
du musst nämlich wissen, dass wir auf Holländisch Gott bisher immer mit *Sie* angeredet haben. Das war eine richtige Revolution, dass jemand sich traute, zu Gott *du* zu sagen. Mir fiel das auch erst schwer, aber ich tue es inzwischen, ich fühle, dass es gut so ist. Also, ich übersetze nochmal:

Du, der mich kennt, du, der mich in seinen Bann zieht,
ich, die dich mit Du anspricht, unverdrossen,
und die dich nicht vergessen kann, –
sollten wir Ich-und-Niemand sein?
verloren, untröstlich, einander nicht wahrnehmen?
voneinander nichts wissen?«

Beide saßen nebeneinander, Ria mit dem Liederbuch auf den Knien, und schwiegen lange.

Anna holte tief Luft. »Das spricht mir aus dem Herzen«, sagte sie leise. »*Sollten wir Ich-und-Niemand sein?* Ganz genau diese Frage quält und quält mich, seit Nadine tot ist. Sollten wir *Ich-und-Niemand* sein? Diese Angst. Wie ging die Melodie?«

Ria sang sie vor, und Anna versuchte, mitzusummen. Dann schwiegen beide.

Ich-und-Niemand. Das kann nicht sein, das halte ich nicht aus! dachte Anna. Sie schloss die Augen und versuchte, die Szene von vorhin mit der jungen Frau zu beschwören. »*Ich-bin-da.* Ich finde das wunderbar. Ich liebe diesen Namen«.

Anna wendete ihren Kopf zum Fenster, ihr Blick verlor sich im grau verhangenen Himmel. »Ria«, bat sie, und sie änderte dabei ihre Blickrichtung nicht, »Ria, sprichst du für mich bitte noch einmal diesen Gottesnamen aus?«

»*Ich-bin-da*« flüsterte Ria. Und dann wiederholte sie etwas lauter und beherzter: »*Ich-bin-da. Ich-bin-da.*«

Anna schwieg weiter. Dann drehte sie sich plötzlich zu Ria, umarmte sie und begann heftig an ihrer Schulter zu weinen. Ria hielt Anna fest und streichelte sacht über ihre Haare. Sie schaute verträumt vor sich hin, fast ein wenig lächelnd, als wäre sie gar nicht überrascht.

Die beiden Männer kamen gerade noch so zeitig vom Museumsbesuch zurück, dass Anna und Charly den Zug um halbfünf erreichten.

Während der Fahrt erzählte Charly ausführlich von seinen Eindrücken im Rijksmuseum, und Anna bemühte sich, zuzuhören. Schließlich, nach einer längeren Pause, fragte sie:

»Charly, kannst du dich noch an die Geschichte vom brennenden Dornbusch in der Bibel erinnern?«

»Du meinst diese Fata Morgana, von der Mose in die Wüste gelockt wurde?« Charly war evangelisch, darum sagte er Mose, ohne s, gewissermaßen ein echter Konfessionsunterschied. Katholiken sagen immer Moses.

»Charly, und kannst du dich erinnern, was Gott zu Moses gesagt hat?«

»Wie soll *ich* mich erinnern, war ich denn dabei?«

Anna ärgerte sich. »Kann ich bitte ernsthaft mit dir reden!«

Charly sagte nichts. Vielleicht ist er jetzt beleidigt, dachte Anna. Sie nannte ihn Charly, obwohl er eigentlich Richard hieß und Charly ja von Karl abgeleitet wird. Aber Charly gefiel ihr gut, und Richard hörte es gern.

Draußen tauchten gelbe Straßenschilder auf, ein Zeichen, dass sie bereits in Deutschland waren.

Charly räusperte sich. »Früher galt es für uns Jungen als ausgesprochen uncool, über religiöse Themen zu reden. Vielleicht fällt mir das deshalb heute immer noch nicht so leicht. Interesse an Religion habe ich schon, das weißt du doch. Kannst du dich in mich hinein versetzen?«

Anna schaute aus dem Fenster. »Ja, zumindest versuche ich es.« Für sie selbst gehörte es zum Natürlichsten in der Welt, über Gott nachzudenken und das auch zu äußern. Und heute war etwas Unerwartetes geschehen.

Zu ihrem Erstaunen griff Charly von sich aus das Thema noch einmal auf: »Übrigens, wenn ich so darüber nachdenke, finde ich diese Geschichte sehr hintergründig. Gott hat den Mose zum Pharao geschickt, obwohl der Kerl doch mächtige Angst gehabt haben musste. Ein Wahnsinnsauftrag, vom Pharao zu verlangen, er solle seine Sklaven frei lassen.« Charly richtete seinen Blick ebenfalls auf die vorbeiziehende Landschaft draußen. »Ein Wahnsinnsauftrag! Nicht zu glauben, dass Mose sich darauf eingelassen hat.«

Anna erzählte Charly von den Kerzen vor dem Wort *Ikzalerzijn*, vom Gespräch mit der jungen Mutter über den Namen Gottes, den Mose in der Szene mit dem brennenden Dornbusch gesagt bekommt. »*Ich-werde-dasein, Ich-bin-da* – im hebräischen Original ist es das gleiche Wort.«

Charly schloss die Augen, um sich zu konzentrieren. »Aha.«

»Vielleicht«, fuhr Anna leise fort, »versuche ich mal, mir Gott anders vorzustellen als bisher. Nicht als einen unnahbaren Herrscher, der uns auf einer grausam programmierten Welt ausgesetzt hat, sondern anders.«

»Und wie anders?«

Die Schiebetür im Mittelgang neben dem Sitz der beiden ging auf. »Die Fahrkarten bitte!«

Als die Schaffnerin die Tickets gesehen hatte, sagte Anna: »Ich könnte doch Gott beim Namen nehmen. Ich könnte ihn auf seinen Namen festlegen. Wer *Ich bin da* heißt, muss auch wirklich da sein.«

»Tja,« meinte Charly, »na denn!«

Sie kamen etwas verspätet in Düsseldorf an, doch das kümmerte sie nicht. Die Wolken hatten sich aufgelockert, und die untergehende Sonne zauberte ein mildes Abendlicht auf die Häuserfassaden. Sie entschlossen sich angesichts ihres leichten Gepäcks und des lauen

Abends, den halbstündigen Weg nach Hause zu Fuß zu gehen.

»Du machst dir ziemlich viele Gedanken um Gott und die Welt«, sagte Charly auf dem letzten Wegstück vor ihrer Wohnung.

»Ja«. erwiderte Anna, »das tue ich, ich kann doch gar nicht anders. Eines könnte ich nämlich nicht ertragen, und ich habe Angst davor, dass es trotzdem so ist. Das Schreckgespenst, das mich immer wieder plagt, sieht ungefähr so aus: Die Welt und alles Leben stehen unter dem Gesetz des blinden Zufalls. Meinetwegen gibt es irgend so etwas wie Evolution, aber welche Rolle jeder darin erwischt, ist einfach nur Glück oder Pech. Und das war's dann. - Und außerdem…« Anna schwieg.

»Und außerdem?«

»Du weißt es, Charly. Außerdem will ich, dass Nadine sich nicht aufgelöst hat in ein Nichts. Ich will, dass sie gut aufgehoben ist. Ich will glauben können, dass sie lebt und dass sie es gut hat. Und dass wir sie wiedersehen.«

»Schön wär's ja«, sagte Charly. Die Bemerkung kam ihm selbst ziemlich unbeholfen vor.

Doch Anna lächelte und stimmte zu: »Ja, schön wär's.«

Freund

Die nächsten Tage verliefen wie gewöhnlich. Jeden Morgen kämpft Charly vergeblich gegen die Uhr, Anna sorgt für das Frühstück, zumindest für die Möglichkeit zu frühstücken. Jonas trollt sich Richtung Schule. Um zwanzig vor acht verlässt auch Anna das Haus, arbeitet bis um eins in der Apotheke. Sie verbindet den Heimweg mit ein paar Einkäufen, bereitet eine kleine Mahlzeit für Jonas und sich selbst, hat zwei Stunden Zeit für das, was gerade drängt oder anfällt, kocht gegen halb sechs das warme Essen für die Familie und versucht, am Abend möglichst oft etwas Zeit zusammen mit Charly zu verbringen, falls der nicht vor dem Computer sitzen oder schwimmen gehen will.

Annas Gedanken jedoch verließen in diesen Tagen häufig die gewohnten Straßen und bewegten sich auf Neuland. Wie von einem Magneten angezogen trat immer wieder die Szene in der Amsterdamer Dominikuskerk vor ihr Inneres: Sie lehnt mit geschlossenen Augen an der Säule, der Name *Ich-bin-da* hüllt sie ein wie ein warmes Licht, sie weiß nicht, wie ihr geschieht. Auch mußte sie oft an Rias Bemerkung denken, damals, nachdem sie ihr am Abend im Restaurant in Friedrichshafen ihr Herz ausgeschüttet hatte: »Ich habe gespürt, wie sehr du dich nach Gott sehnst, ich meine, nach einem Gott, den du lieben kannst…«

Wenn sie beim Aufstehen den Wecker zum Schweigen brachte, wenn sie sich im Badezimmer wusch, wenn sie den Wasserkocher füllte und die Tassen auf den Tisch stellte – immerfort meldete sich in ihr die Vorstellung, Gott stehe neben ihr, oder er umgebe sie irgendwie. Auf dem Weg zur Apotheke fragte sie sich, ob Gott sie begleite. Gleichzeitig müsste Gott, dachte sie, dann ja auch mit den andern

Passanten unterwegs sein, müsste in jedem Haus, an dem sie vorbei ging, in jeder Wohnung mit den Menschen darin mitleben, müsste bei den Kranken aushalten, müsste dabei sein, wie der arbeitslose junge Mann schon jetzt am Morgen das erste Bier aus dem Kühlschrank holt, müsste dabei sein, wenn die Verkäuferin, statt zur Arbeit zu gehen, mit wahnsinnigen Migräne-Schmerzen die Vorhänge zuzieht und sich wieder hinlegt, müsste dabei sein, wenn Charly chemische Reaktionen prüft, müsste in Jonas Klassenzimmer sitzen und mitbekommen, was dort abläuft, müsste in den Hörsälen sein und in den Kindergärten, auf den Fussballplätzen und in den Sitzungssälen, müsste in allen Autos, Bussen, Straßenbahnen, Zügen mitfahren, und nicht nur hier in Düsseldorf, sondern an allen Orten, überall, an jedem Ort der Welt.

Ihr wurde schwindelig, wenn sie diesem Gedanken nachging. Aber war das nicht die Konsequenz aus dem Namen *Ich-bin-da*?

Anna überlegte, ob sie sich für Gott, für *Ich-bin-da,* eine starke menschliche Gestalt vorstellen sollte oder gar ein konkretes Gesicht. Das kam ihr so winzig vor. Sollte sie eher an Luft denken, die alles umgibt, oder an Licht, das so etwas wie eine Allgegenwart besitzt? Das kam ihr wiederum zu unpersönlich vor, nicht passend für das *Ich* im Namen *Ich-bin-da.* Sie beschloss, Gott in ihrer Fantasie, zumindest erst einmal, das Bild eines imposanten älteren Mannes zu lassen, wie es sich seit Kindertagen in ihr eingenistet hatte, auch wenn sie spürte, dass dieses Bild nur eine Art Notbehelf war, so etwas wie ein Provisorium.

»Was hast du mit uns vor, du Gott mit dem Namen *Ich-bin-da*?« fragte sie unhörbar. »Kannst du dich nicht deutlicher zu erkennen geben? Dein Weg mit deinen Menschen dauert schon viel zu lange. Andererseits, was heißt schon *lange*?«

Erstaunt stellte Anna irgendwann fest, dass ihr die Vorstellung, Gott sei ständig an ihrer Seite, wo immer sie sich gerade befinde, keinerlei Angst einflößte. Es kam ihr im Grunde so normal vor, als sei dieser mit ihr gehende Gott nicht derselbe Gott wie der allmächtige Herr im Himmel. Das biblische Wort *herabgestiegen* aus dem Gespräch mit Ria fiel ihr wieder ein. »Wenn das wahr ist, dann bist du ja wohl nicht herabgestiegen, um uns noch besser unter die Lupe nehmen zu können!«, sagte sie vor sich hin. »Das hättest du von deiner hohen Warte aus genauso gut gekonnt. Wolltest du uns vielleicht *gern* ganz nahe sein? Macht es dir Spaß zu wissen, was wir denken und fühlen? Kann ich das glauben, dass du gar kein Interesse daran hast, uns zu beherrschen und zu beurteilen, weil du uns einfach nur heraushelfen willst?«

Mit einemmal trat ein Bild, ein Wort vor Annas Augen, es drängte sich geradezu auf, obwohl es ihr utopisch vorkam: das Wort *Freund*. Wer mich richtig gut kennt, wer kein abfälliges Urteil über mich fällt, wer mir weiterhelfen will, der verhält sich doch wie ein Freund, ganz ohne Zweifel, dachte Anna, und ihr Herz schlug schneller. Gott - Freund an meiner Seite mit dem Namen *Ich-bin-da* – das wäre zu schön, um wahr zu sein. Da unterläuft mir ein Fehler, bestimmt. Kein Mensch hat mir bisher gesagt, er betrachte Gott als seinen Freund.

Vorsichtig wagte sich Anna an dieses Bild, an diese Vorstellung heran, Gott sei ein Freund an ihrer Seite, eigentlich sehr groß und mächtig, aber er spiele seine Macht nicht aus, er betrachte sie mit Wohlwollen, und er sei genau wie sie traurig über Nadines Unglück, traurig über die Not und das Elend der Menschen. Aber er wisse eine Antwort, einen Trost, er kenne den Sinn. Es werde sich alles zum Guten wenden, er könne es ihr nur nicht vermitteln, nicht jetzt, er könne ihr nur ein Versprechen geben, eine Ahnung vielleicht, und sie möge ihm glauben, sie möge ihm doch vertrauen, er brauche ihre Mitarbeit und ihr Vertrauen, sein Name sei doch *Ich-bin-da* – »spürst du denn das nicht, Anna? Vertraue mir!«

Einmal, während sie in der Küche an der Spüle stand und abwusch, überwältigten solche Gedanken sie so sehr, dass sie mit noch nassen Händen rasch auf den Balkon hinaus laufen und sich an der Brüstung festhalten musste, den Blick ins Weite gerichtet. Eine Gewissheit war in ihr, ein Gefühl von Geborgenheit: Alles ist gut, wie es ist. Tränen rannen ihr übers Gesicht. Das gibt es nicht, wehrte sich Anna, ich bin nur rührselig gestimmt heute Abend. Doch gleichzeitig fühlte sie sich glücklich und leicht wie eine Feder.

»Was hast du, Mama, ist was?« fragte plötzlich jemand neben ihr.

»Ach, Jonas, du! Nein, es ist nichts! Das heißt, doch, aber nichts Schlimmes. Im Gegenteil. Ich kann es dir nicht erklären. Mach' dir keine Sorgen.«

Jonas schaute seine Mutter misstrauisch an und zog sich wieder zurück.

Charly blieb nicht verborgen, dass eine Veränderung in seiner Frau vor sich ging. Kürzlich, als er von der Arbeit kam, hatte sie ihn mit der Bemerkung empfangen, seine Augen seien noch genauso schön wie damals, als sie sich kennen lernten. Charly hatte sich mit einem Kompliment über ihre attraktive Figur revanchiert, und die übliche eher flüchtige Umarmung zur Begrüßung hatte sich zum Auftakt eines unverhofften Schäferstündchens verwandelt.

»Irgendetwas wirkt sich gut aus in letzter Zeit.«, stellte Charly fest. »Hängt es mit dem zusammen, worüber wir im Zug gesprochen haben?«

»Ich versuche einfach, Gott bei seinem Namen zu nehmen.«, bestätigte Anna. »Außerdem kann ich besser schlafen.«

Niemals sonst in ihrem Leben hatte sich Anna innerlich so in Bewegung gefühlt wie in diesen vierzehn Tagen seit ihrem Besuch in Amsterdam. Zweifel überfielen sie immer wieder: Du träumst dir was zurecht, Anna. Du kannst Gott nicht einfach auf deine Ebene ziehen, er ist nicht dein Kumpel. Er ist und bleibt unnahbar, sonst wäre er nicht Gott. Deine einzige Pflicht ist es, demütig und gehorsam zu sein und alles aus seiner Hand willig anzunehmen, und sei es den Tod deines Kindes. Wen Gott liebt, den züchtigt er. Der Mensch denkt, und Gott lenkt.

Bei solchen Gedanken war Anna zumute, als hätte sie wegen ein paar Sonnenstrahlen allzu rasch ihre schwere Winterkleidung abgeworfen und wäre barfuß und im T-Shirt nach draußen gelaufen, doch ein eisiger Wind hätte sie empfangen und schnell wieder zurückgetrieben.

Sie spürte das Bedürfnis, sich irgendwoher Rat zu holen. Ob sie vielleicht mit Alexios über ihre Gedanken sprechen könnte? Ihren Apotheker-Kollegen Alexios, auf der Insel Kreta geboren, fast zwanzig Jahre älter als sie, nannte sie »meinen väterlichen Freund«, vielleicht, um Charly nicht auf eifersüchtige Gedanken kommen zu lassen.

Alexios hatte sie einmal überredet, eine Osternachts-Liturgie in seiner Orthodoxen Kirche mitzufeiern. Anna war hingerissen vom Reichtum des Kirchenraumes mit seinen riesigen Lüstern, den unzähligen golden schimmernden Öllampen und Weihrauchfässern, den Ikonen und Wandbildern; sie kam nicht aus dem Staunen heraus über die Pracht der Gewänder – der Bischof trug sogar eine edelsteinbestückte Krone – und sie wunderte sich über die Ausdauer, mit der die vielen Kirchenbesucher die endlosen Gesänge und Zeremonien hinnahmen. Die Ausgelassenheit, mit der die Leute um Mitternacht die Auferstehung Christi draußen vor der Kirche feierten, verfolgte sie mit Wehmut. Könnte sie sich doch auch so unbefangen freuen auf das himmlische Leben, von dem der Gottesdienst eine irdische Ahnung geschaffen hatte, alles voller Gold, Licht und Gesang.

Anna empfand Neid auf die heile Welt des Orthodoxen Glaubens. Als sie das ihrem Kollegen gegenüber äußerte, verwirrte sie Alexios' Reaktion. Dass er stolz sei auf seine Kirche und die Liturgie der Gottesdienste, meinte er, heiße nicht, dass er auch gläubig sei. Die meisten Priester, spottete Alexios, verhielten sich wie Abgesandte des Kaisers Konstantin aus dem Vierten Jahrhundert, alles drehe sich um Macht und Geld. Die Menschen würden von der Kirche eingeteilt in Gute und Böse, und den vielen Bösen, also denen, die die Vorschriften der Kirche nicht einhalten oder die einen falschen Glauben haben, und dazu gehöre sie, Anna, aus Sicht der Orthodoxen Kirche auch, drohe die Hölle. Die altgriechische Gottesdienstsprache verstünden die Leute Gott sei Dank nicht so genau, aber eines sei allen klar: Man müsse sich selbst als chronisch unwürdigen Sünder betrachten, der vor dem erhabenen Gott, der im Himmel thront, nur dann eine Chance habe, wenn er ihn unzählige Male um Erbarmen anflehe. Erbarme dich, erbarme dich, erbarme dich! Wenn er, Alexios, ebenso wie die meisten seiner Landsleute, dennoch ab und zu zur Kirche gingen, dann deswegen, weil sie eben Griechen seien und die Zeremonien und Feste ihrer Kirche liebten.

Was er denn nun selbst glaube?

Ach ja, zumindest hoffe er, Gott sei milder und verständnisvoller als die Belehrungen der Priester. Aber nein, so allgemein könne er es eigentlich auch nicht sagen, denn den Priester in seinem griechischen Heimatdorf zum Beispiel habe er geliebt und würde für ihn durchs Feuer gehen. Und überhaupt seien unter den Priestern viele sehr gütige und volksnahe Menschen zu finden.

»Alexios, überleg doch bitte in Ruhe, wie du selbst von Gott denkst. Das interessiert mich wirklich! Aber lass dir Zeit, ich frage dich irgendwann später mal wieder.«

»Verschone einen armen alten Mann mit solch anstrengenden Aufgaben!«, hatte Alexios geantwortet.

Dann gab es noch Frau Schaper, eine Nachbarin im ersten Stock, die würde von sich aus nur allzu gerne mit Anna über den Glauben reden. Sie gehörte einer Freikirchlichen Gemeinde an. Sie hatte Anna eine Zeit lang als Werbeobjekt erwählt und sie mit frommen Traktaten eingedeckt.

In diesen Broschüren wollte Gott sich der Menschen gern erbarmen. Alle, wurde Anna belehrt, waren sie zwar große Sünder und hatten den heiligen, erhabenen Gott ohne Maßen beleidigt, so sehr, dass sie es niemals mehr gut machen konnten. Aber Gott habe selbst für eine Rettungsmöglichkeit gesorgt und seinen einzigen Sohn für die Menschen in den Sühnetod geschickt. Jesus könne mit seinem am Kreuz vergossenen Blut alle Sünder der ganzen Welt von ihrer Schuld reinwaschen, wenn sie sich nur bekehrten und sich ihm ganz und gar übergäben.

Zu solch einer Bekehrung und Übergabe an Jesus wurde Anna als Leserin von den Verfassern jener Schriften nun dringend aufgefordert. Jesus habe aus lauter Liebe furchtbar für sie gelitten (das wurde bis in alle blutigen Details geschildert) und warte schon lange mit offenen Armen auf sie, sie müsse sich nur von der Masse der verstockten Sünder trennen und den steilen, schmalen Weg zu Jesus beschreiten.

Für Anna war die Vorstellung unerträglich, Gott habe erst seinen einzigen Sohn furchtbar leiden und blutig sterben sehen müssen, um den Menschen, die er doch selbst erschaffen hatte, wieder eine Chance geben zu können. Sie hatte Frau Schaper gebeten, ihr keine

Schriften mehr mitzubringen. Um jeder Diskussion aus dem Weg zu gehen, gab sie als Grund an, sie werde von ihrer eigenen Kirche religiös ausreichend versorgt.

Das war nicht die Wahrheit, denn Anna hatte seit Nadines Tod keinen Anschluss mehr an eine Gemeinde oder an Gottesdienste gesucht. Doch auch nach ihrem Erlebnis in Amsterdam zog es sie in Düsseldorf nicht zurück in die Kirche. Die Gründe dafür konnte Anna selbst nicht herausfinden. Gleichgültigkeit war es nicht, das wusste sie sicher. War sie zu müde, wollte sie sonntags einfach ihre Ruhe? Körperlich gesehen: nein. Eher seelisch. Seltsamerweise verspürte sie ein Misstrauen, fast eine Angst, als könnte ein Gottesdienstbesuch in ihrer Düsseldorfer Kirche etwas Kostbares, Zerbrechliches in ihr verletzen.

Conny! Immer wieder mußte Anna an Conny denken, ihre beste Freundin aus der Schulzeit. Heute war Conny evangelische Klinik-Pfarrerin in Tübingen, hatte zwei Kinder, war mit Günter verheiratet.

Für Günter, den sportlichen Typen mit seinen dunkelbraunen Augen und schwarzen Haaren, hatten sie beide geschwärmt, noch als Schülerinnen, damals im Ravensburger Eissportclub. Das schien, als Anna in Freiburg und Conny in Tübingen studierten, vergangen und vergessen. Wie aus heiterem Himmel war dann nach vier Semestern die Nachricht von Connys und Günters Verlobung ins Haus geplatzt. Anna nahm ihrer Freundin übel, dass sie ihr vorher nichts davon gesagt hatte. Fürchtete Conny ihre Eifersucht? Ihre Freundschaft litt darunter, sie hielten nur noch höflich interessierten Kontakt.

Zum zweiten Mal und viel heftiger verwundet fühlte Anna sich, als Conny nicht zu Nadines Beerdigung kam, und sie aus Connys Beileidsbrief nur belanglose Phrasen herauslas. Anna sah sich von ihrer Freundin im Stich gelassen. Einige Monate später hatte Conny angerufen, doch Anna hatte sofort den Hörer aufgelegt. Bekannte in Ravensburg hatten ihr später hin und wieder berichtet, was sie von Conny wussten, auch Andeutungen von längerer Krankheit. Bei Anna meldeten sich daraufhin Zweifel daran, ob sie ihrer früheren Freundin mit ihrer Reaktion nicht Unrecht getan hatte, ja eigentlich wusste sie, dass dies der Fall war, doch fand sie den Mut nicht, auf Conny zuzugehen.

Gern würde sie mit Conny reden, würde ihr erzählen, was sie bewegte. Conny, die Theologin und Pfarrerin, sie müsste doch Vieles wissen vom Gottesnamen *Ich-bin-da*. Wenn du bei mir bist, *Ich-bin-da,* dachte Anna in der Straßenbahn auf dem Heimweg von der Arbeit, wenn du wirklich bei mir bist, sollte es dann nicht in deinem Interesse sein, dass wir wieder zueinander finden, Conny und ich? Würdest du mir bitte helfen, ihr zu schreiben? Ich schaffe es allein nicht.

Vorüber

Am selben Abend gab Anna auf ihrem Laptop im Internet-Such-programm ein: »Klinik, evangelische Kirche, Seelsorge, Tübingen«, und es dauerte nicht lange, bis sie Connys Anschrift entdeckte. Mit heftigem Herzklopfen kramte sie einen Briefbogen heraus – sie hatte schon lange keinen gewöhnlichen Brief mehr geschrieben, doch eine Mail schien ihr in dieser Situation unpassend.

Eine knappe Woche später hatte sie Connys Antwortbrief in der Hand.

Hallo Anna,

als ich vorgestern deinen Brief im Kasten fand, war ich furchtbar auf-geregt. Da merkte ich erst, obwohl ich seit langem auf »gleichgültig« zu schalten versucht hatte, wie sehr ich unter unserem hartnäckigen Schwei-gen gelitten habe. Was sind wir doch beide für Sturköpfe. Ich bin Dir dankbar, Anna, dass Du die Funkstille zwischen uns beendet hast.

Ich möchte Dich auch sehr gern bald wiedersehen! Hättest Du am er-sten Montag im Oktober Zeit? Montag ist Pfarrer-Sonntag. Ich könnte Sonntag Abend bei Dir sein und müsste am Montag gegen Abend wieder abreisen.

Ich will Dir aber gleich noch schreiben, damit ich es dann nicht erst zu erzählen brauche, warum ich nicht gekommen bin, als Nadine ge-storben war. Du weißt ja, ich hatte damals gerade meine erste Stelle als »unständige Pfarrerin« (so heißt das bei uns) angetreten. Ich ging mit Elan ans Werk und wollte etwas wahr machen von der »Freiheit des Christenmenschen«. Doch was aus meiner Sicht Aufgeschlossenheit war und Ernstnehmen theologischer Erkenntnisse, warfen mir einige aus der Gemeinde als zu liberal und unbiblisch vor. Ich wehrte und rechtfertigte mich und schaltete auf verbittert und stur. Ich fühlte mich selbst als Opfer, aber zugleich als Versagerin, unfähig zu konstruktiven Diskussionen. Gleichzeitig plagte sich Nora, unsere Große, damals acht Jahre, monatelang mit Keuchhusten, und Günter wurde arbeitslos, weil der Verlag, bei dem er als Lektor arbeitete, Pleite machte. Zu allem Unheil wuchsen Spannungen zwischen uns. Wir können nicht gut mit Konflikten umgehen, und unsere Ehe stand auf der Kippe.

Als mich Dein Brief mit der Nachricht von Nadines Tod erreichte, lag ich gerade mit Magen- und Kreislaufproblemen im Krankenhaus. Ich wollte Dich nicht mit meinem Kummer zusätzlich belasten (oder wollte vielleicht auch nicht zugeben, dass ich, so jedenfalls kam es mir vor, rundherum gescheitert war, in der Ehe und auch im Beruf als Pfarrerin, gerade weil Du mich doch als Studentin so beneidet hast um die Möglichkeit dieses Berufs für Frauen in unserer Kirche).

Ich habe Dich dann mit den paar mühsam geschriebenen frommen Worten aus meiner scheinbar heilen Welt offensichtlich sehr enttäuscht. Als ich Dich ein paar Monate später anrufen wollte und Du sofort auflegtest, fühlte ich mich in der Tat, wie Du vermutest, total verletzt und ohne Chance, mich zu erklären, und nachlaufen wollte ich Dir auch nicht, also blieb ich ebenfalls stumm. Und ärgerte mich immer mehr über mich selbst. Lange hätte ich es wohl auch nicht mehr ausgehalten, und darum nochmals: gut, dass Du geschrieben hast!

Du erzählst im Brief von Deinem Erlebnis in einer Amsterdamer Kirche und schreibst, dass Du mit mir auch gern mal über den biblischen Gottesnamen Ich-bin-da sprechen würdest. Das interessiert mich, denn ich liebe diese Erzählung von Mose vor dem Brennenden Dornbusch. Ich finde, sie wird viel zu wenig beachtet und gewürdigt. Ich bin gespannt, was Du da entdeckt hast!

Übrigens, meine Arbeit als Klinikpfarrerin in Tübingen (bin seit fünf Jahren hier) passt gut zu mir, ich mache sie gern. Günter und ich ha-ben nach einer Partnertherapie einen neuen Anfang miteinander gesucht. Gott sei Dank bekam Günter eine Anstellung hier in der Volkshochschule. Er geht fast unter in Organisation und Verwaltung, obwohl er doch lieber mehr inhaltlich arbeiten würde.

Was die Kinder machen? Nora geht auf's Gymnasium (10. Klasse), hat allmählich die heftigste Phase der Pubertät hinter sich, ist ein prächtiges, kluges Mädchen, die weiß, was sie will! Und Lotta, 13, steckt mitten drin in der Rebellion. ein Wildfang mit Hang zu Extremen, und rate, was sie werden will: Pilotin! Leider wird sie oft von Kopfschmerzen geplagt, nachdem sie vor zwei Jahren vom Rad gestürzt war und sich einen Schä-delbasisbruch geholt hatte. Ich mache mir Vorwürfe, weil ich nicht gut genug überwacht habe, ob sie auch wirklich den Helm aufsetzt.

Vielleicht sehen wir uns bald, dann wird es viel zu erzählen geben.

Anna, ich kann es kaum erwarten, dass wir uns wiedersehen, schreib mir bald!

Deine Conny

Anna fiel ein riesiger Stein vom Herzen. Am selben Tag noch schrieb sie zurück, diesmal eine Mail, sie werde den von Conny vorgeschla-genen Termin auf jeden Fall freikämpfen; es tue ihr leid, dass sie nicht schon viel früher versucht habe, den Kontakt wieder zu knüpfen, und Conny brauche sich wirklich nicht weiter zu rechtfertigen. Sie werde Schwäbische Spätzle kochen und alles tun, um in Düsseldorf einen guten Wein vom Bodensee aufzutreiben.

Anderthalb Wochen musste Anna nur noch warten. Trotz der inneren Spannung fühlte sie sich gut. Ein Gedanke drängte sich ihr immer wieder auf: *Ich-bin-da* hat mir geholfen. Gott fand es nicht gut, dass wir so gefesselt waren in diesem Knäuel aus Verdächtigung, Gekränktheiten und verletztem Stolz. Weil er wirklich *Ich-bin-da* ist, hat er mich angestoßen und mir keine Ruhe mehr gelassen. »Danke, *Ich-bin-da*.«, glitt sie innerlich ins Gespräch hinüber. »Danke, das hast du gut gemacht.«

Es wäre nicht übel, kam es Anna in den Sinn, wenn ich nun auch mal eine Antwort von *Ich-bin-da* hören könnte, vielleicht sogar ein ermutigendes Lob, zum Beispiel »Es war nicht schwierig, Anna. Ihr seid ja beide gut auf mein Drängen eingegangen!«

Die Realität aber erwies sich schnell als ganz anders. An Stelle einer göttlichen Stimme überfielen sie schreckliche Bilder. Der Tag war ruhig verlaufen, bis nach dem Abendessen die Tagesschau begann. Anna starrte entsetzt auf den Fernseher. »Ein verheerendes Erdbeben im südlichen Iran brachte heute zahllosen Menschen den Tod.«, begann der Sprecher die Meldungen. Für wenige Sekunden folgte die Kamera dem Weg einer Mutter, die mit schmerzverzerrtem Gesicht ein längliches Bündel vor sich her trug, ein dünnes Ärmchen baumelte leblos heraus.

Anna fühlte, wie ihr Herz zu rasen begann, sie drehte sich auf dem Sofa zur Seite, zog hastig zwei Zierkissen heran und vergrub ihren Kopf so darin, dass die Stimme des Nachrichtensprechers ihre Ohren nicht mehr erreichte.

Sie wusste, was diese Mutter durchmachte. »Er lässt es einfach geschehen, er lässt es einfach geschehen!«, das war das einzige, was sie denken konnte. »Er verhindert es nicht, da *ist* überhaupt keiner, der es verhindern könnte, wir leben völlig allein, ein paar tausend tote und schwerverletzte Menschen, was macht das schon, das Leben ist eben so, alles nur Zufall, Gott ist es ganz egal! Grausamer Gott!« – Gedanken dieser Art bildeten sich verschwommen in ihrem Kopf.

Anna spürte Charlys warmen Atem im Haar und seine Hände

an ihren Schultern. Ganz allmählich löste sie sich aus ihrer Verkrampfung. Sie lockerte den Druck der Kissen gegen ihre Ohren und merkte, dass Charly den Fernseher ausgeschaltet hatte. Er brauchte nicht zu rätseln, was wohl in seiner Frau vor sich ging.

Er wunderte sich nur über seine eigene Nüchternheit, mit der er die Katastrophenmeldung hatte anhören können. Vielleicht war es Selbstschutz, der sich in solchen Momenten wie eine Dämmwand um sein Herz legte, vielleicht männliches Verhaltensmuster – einer musste den Überblick bewahren, durfte die Nerven nicht verlieren. Doch zugleich kam ihm Annas Reaktion völlig natürlich vor. »Du zeigst, was ich nicht zu zeigen wage.«, dachte er, als er sich über Anna beugte.

Auf Ablenkung aus, ging Anna in die Küche und räumte auf, Charly half ein wenig mit.

»Schicksal, Zufall, Glück oder Pech. Damit ist der Lauf der Welt schon definiert.«, sagte Anna grimmig vor sich hin, »Was für eine Welt!«

Charly, der seinerseits Anna oft genug mit genau solchen und ähnlichen Behauptungen genervt hatte, spürte jetzt zu seiner eigenen Überraschung den Impuls, dagegen zu argumentieren und Gründe zu suchen, die das Leben lohnenswert erscheinen ließen. Doch kam ihm dieser Augenblick dafür nicht geeignet vor. Anna weiß das ja auch selbst, dachte er, und während er die Teller in den Schrank räumte, sagte er: »Wir werden morgen eine Spende für die Erdbebenopfer überweisen, okay?«

Anna warf ihm für diesen Brückenbau vom Grübeln ins Praktische hinüber einen dankbaren Blick zu. »Okay, Charly.«

In diesen Tagen vor Connys Besuch hatte Anna Mühe, wenigstens noch die Erinnerung wach zu halten an die überwältigende Begegnung mit dem Gottesnamen *Ich-bin-da*, die Erinnerung an das beglückende Gefühl, das sie durchdrungen hatte an jenem Sonntag

49

Morgen in der Amsterdamer Kirche und in den beiden Wochen danach. Ihre Euphorie war in sich zusammengefallen wie die Häuser im Erdbebengebiet. Was sie aus den Trümmern retten konnte, war eine fast trotzige Entschlossenheit, das Vertrauen auf die irgendwie fürsorgende Anwesenheit des Gottes mit dem Namen *Ich-bin-da* nicht so rasch aufzugeben.

Sie nahm ihre alte Bibel zur Hand – wann hatte sie das letzte Mal darin gelesen? – und suchte nach der Geschichte mit dem Brennenden Dornbusch. Wenn diese zu den Lieblingsgeschichten von Conny gehörte, wollte sie, bevor ihre Freundin kam, die Erzählung doch auch für sich selbst wieder auffrischen.

So las sie am Anfang des Buches Exodus – für Conny, daran erinnerte sie sich noch aus der Schulzeit, war es das Zweite Buch Mose – von der Versklavung der Hebräersippe unter dem ägyptischen Pharao. Sie las, wie Moses, der in das Land Midian geflohen war, am Gottesberg Horeb einen brennenden Dornbusch in Augenschein nehmen wollte, weil das Gestrüpp zwar brannte, aber nicht von den Flammen verzehrt wurde. Sie las, wie Moses aus den Flammen heraus von einer geheimnisvollen Stimme gerufen wurde, der Stimme des Gottes seines Volkes. Sie las, Gott habe das Schreien seines Volkes gehört und sei herabgestiegen, um die Geknechteten zu befreien, aus Ägypten heraus zu führen und in ein Land zu bringen, wo Milch und Honig fließen. Da war es, dieses Bild, Gott sei »herabgestiegen«. Moses solle den Aufbruch organisieren und sich zum Pharao begeben, um die Freilassung zu verlangen.

Anna konnte, wie Charly es auch geäußert hatte auf dem Rückweg von Amsterdam, gut verstehen, dass Moses erschrocken abwehrte. Gott jedoch bestand in der Erzählung auf seinem Auftrag. Genau an dieser Stelle stieß sie nun auf die Frage nach dem Namen Gottes. Er solle, war Gottes Antwort, zu seinen Landsleuten gehen und ihnen mitteilen, Gott sei *Ich-bin-da.* »Sag ihnen, *Ich-bin-da* hat mich zu euch gesandt.« Dies sei Gottes Name für alle Zeit. So wolle er genannt werden auch von allen kommenden Generationen.

Anna versuchte, sich hinein zu versetzen in die Situation des kleinen Nomadenvolkes, das unter den Ägyptern lebte und in Not geraten war. Sie rufen ihren Gott um Hilfe an, und er kommt und will sie befreien. *Ich-bin-da,* das ist mein Name, sagt Gott. Was Ria erwähnt hatte, fiel ihr wieder ein: Mit dem Namen scherzt man nicht, das sagt man nicht so leichthin. *Ich-bin-da* – das ist mein Name, sagt Gott, mein Wesensmerkmal: dass ich bei euch bin. Vertraut mir und brecht auf, obwohl es euch unmöglich vorkommt.

Anna fühlte, wie diese Vorstellung von Gott, die ihr da entgegentrat, sie erneut in Bann schlug. Wieder spürte sie das heftige Echo im Herzen. Als ginge von diesem Namen eine unbegreifliche Kraft aus, waren es nun auf einmal die Skepsis und die Nüchternheit der letzten Tage, die sich auflösten wie der Frühnebel im Sonnenlicht. Sei willkommen, *Ich-bin-da,* sagte ihr Herz, sei willkommen. Sei keine Illusion. Sei real, und sei, bitte, nicht still und unauffällig.

Versonnen schloss sie die Bibel und stellte sie ins Regal. Ihr Blick streifte dabei ein Buch aus der Schulzeit mit einer Sammlung antiker Göttergeschichten. Sie erinnerte sich – darin ging es meist hoch her. Die Götter trugen sehr menschliche Züge, sie feierten miteinander, sie beneideten und hassten sich, sannen auf Rache, raubten Menschenfrauen, mit denen sie Halbgötter zeugten, spielten sich untereinander oder den Menschen Streiche, verblüfften durch Zauberei.

Bloß eines taten sie nicht: Für leidende Menschen sorgen, mit ihnen mitleben und sie befreien, den Menschen ein Gelobtes Land versprechen. Das taten sie nicht. Schon gar nicht machte es ihr *Wesen* aus, für die Menschen da zu sein. Sich von einem *solchen* Gott oder einer solchen Göttin abhängig fühlen zu müssen, das wäre ein schlimmes Leben, dachte sie. Selbst wenn die Dornbusch-Geschichte nur ein Mythos und nichts anderes wäre, so ist doch die Vorstellung eines Gottes, der *Ich-bin-da* heißt, weil er seine Leute befreien will, eine wunderbare Idee. Da können die antiken Götter nicht mithalten.

Eine wunderbare Idee! Hoffentlich nicht *nur* eine Idee. Wie hatte doch jemand gesagt – Gott sei so etwas wie die Projektionsfigur unserer Wünsche? Gott, eine Schöpfung des Menschen?

Ich-bin-da, bitte sei real, sei nicht Niemand, sei keine Illusion, murmelte sie.

Am nächsten Montag Vormittag blieb es nicht, wie an den meisten Vormittagen, still in der Wohnung. Anna hatte sich einen Urlaubstag genommen, und nun saß sie mit ihrer Jugendfreundin Conny am Frühstückstisch, Charly war schon zur Arbeit aufgebrochen und Jonas auf dem Weg zur Schule.

Es gab unendlich viel zu erzählen. Ihre erste Begegnung gestern Abend nach langen Jahren hatte beiden bewusst gemacht, wie sehr sie einander vermisst hatten. Beim Abendessen fühlten sie sich zuerst noch etwas unsicher. Erst als Anna beim kleinen Rundgang durch die Wohnung das Fotoalbum mit den Bildern der Klassenreise vor dem Abitur nach Südfrankreich aus dem Regal holte, brach sich die Flut der Erinnerungen Bahn wie ein Gebirgsbach beim ersten Tauwetter nach einem langen Winter. Eine Serie von Weißt-du-noch-Episoden hatte den Abend rasch verrinnen lassen.

Nach kurzer Nacht redeten sich die Beiden nun beim Frühstücken Kummer und Freuden von der Seele, und Anna tat es gut zu spüren, wie aufrichtig Conny versuchte, das Leid über den Tod Nadines mit ihr zu teilen.

»Meine heftige Abwehr, als du damals angerufen hast, hatte vielleicht auch – das kommt mir jetzt erst in den Sinn – damit zu tun, dass du Pfarrerin bist.«, sagte Anna. »Ich schlug um mich wie eine Ertrinkende. Ich wollte nichts mehr hören von einem *Herrgott* mit seinen unergründlichen Ratschlüssen. Ich vermute, du hättest das bestimmt so nicht gesagt. Aber ich habe damals um alles, was mit Kirche und Gottesdienst zu tun hat, einen großen Bogen gemacht. Ich war lange Zeit einfach nur resigniert. Innerlich stumm und bitter.

Bis ich Ria traf, die mich in diese Amsterdamer Kirche gelockt hat. Ich konnte es nicht fassen. Ich war wie benommen, Conny. Ich hatte das Gefühl, ich würde, wie soll ich sagen – von einer Fessel befreit. *Ich-bin-da.* Dieser Name! Ich meinte wirklich zu spüren: Gott ist an meiner Seite, er ist gar nicht hoch droben. Ich war wie benommen und versuchte, wie ein Kind, das etwas ganz Neues entdeckt hat, dieses Gefühl auszukosten.

Als ich dann vorige Woche die Erdbebenbilder sah, packte mich wieder das alte Elend. Und ich hatte Angst, dass *Ich-bin-da* wie eine Seifenblase zerplatzen würde.

Nur, weil ich dir schon angekündigt hatte, ich würde gern mit Dir über *Ich-bin-da* sprechen, habe ich in der Bibel die Szene mit Moses und dem Brennenden Dornbusch nachgelesen. Du hattest ja geschrieben, sie sei eine deiner Lieblingsgeschichten. Und schon wieder hat es mich innerlich gepackt, schon wieder hat mich, einfach nur beim Lesen, *Ich-bin-da* in Bann geschlagen! Dieser Name treibt mich um. Was ist bloß mit diesem Namen los!«

»Ich muss zugeben, Anna, dass ich bislang die Dornbusch-Geschichte nicht so sehr wegen des Gottesnamens, sondern vor allem wegen des Verhaltens so spannend fand, das Mose da an den Tag legt.«

»Ist ja auch spannend! Er soll den Pharao auffordern, den Israeliten die Freiheit zu geben, und er soll seine eigenen Landsleute zum Aufstand bewegen, vor allem die Sippenchefs. Aber er fühlt sich überfordert, er sträubt sich.«

»Und glaub mir, Anna, das kann ich nur zu gut verstehen. Mir geht's doch genauso! Ich sehe mich als Pfarrerin doch in einer ähnlichen Situation. Ich denke, Gott erwartet von mir, ich müsste eine mutige Anwältin sein für die, die Unrecht leiden, und ich müsste auch andere Leute davon überzeugen, dass es besser sei, einen Aufbruch zu wagen, als zu resignieren. Das kommt mir oft so schwer und aussichtslos vor, und natürlich anstrengend und lästig. Ich sträube mich, genau wie Mose!«

»Ist doch auch wirklich schwer!« sagte Anna.

»Für mich allein auf jeden Fall, Anna. Aber das ist es ja gerade. Ich müsste konsequenter darauf vertrauen, dass Gott da ist und mich in den entscheidenden Momenten stark macht. Ich müsste viel konsequenter darauf vertrauen, dass sich der Name *Ich-bin-da*, den du jetzt entdeckt hast, wirklich bewahrheitet. Genau das ist der Punkt! Du bist auf eine der wichtigsten Geschichten der ganzen Bibel gestoßen, Anna! Wir sollen uns darauf verlassen, dass Gott *Ich-bin-da* ist – darin ist ein zentrales Anliegen der ganzen Bibel zusammengefasst.«

»Ein zentrales Anliegen?« Anna staunte.

»Als ich deinen Brief gelesen hatte, habe ich mich auch noch einmal neu mit der Dornbusch-Erzählung befasst. Ja, die Theologen sehen das so. Wie mit einem Brennglas sei hier alles gebündelt, worum es in der Bibel geht.«

»Dann verstehe ich aber nicht, dass man trotzdem so wenig über diesen Namen *Ich-bin-da* hört.«, warf Anna ein.

»Du hast völlig Recht, und ich werde diesem Widerspruch bestimmt noch nachgehen.«, versicherte Conny.

Nachdenklich hielt Anna ihre Kaffeetasse mit beiden Händen dicht vor ihrem Mund, die Ellbogen aufgestützt, trank aber nicht. »Man merkt so wenig von Gott und soll sich trotzdem total auf Gott verlassen. Ich finde das nicht fair.« Sie setzte die Tasse wieder ab. »Allerdings habe ich die Erfahrung gemacht: Wenn ich es mit Vertrauen versuche, habe ich zumindest ein besseres Gefühl, als wenn ich abweisend und skeptisch bin. Conny, ich glaube, ich *muss* mich, schon aus Selbstschutz, darauf verlassen, dass Gott wirklich *Ich-bin-da* ist und es gut mit uns meint. Denn nur einem zufälligen Schicksal ausgeliefert zu sein, damit könnte ich bestimmt nicht leben. Keine besonders edles Motiv ist das, oder?«

»In mir geht es auch nicht edler zu, Anna! Eher im Gegenteil. Und ich habe großen Respekt davor, wie du darum ringst, etwas von Gott zu spüren.«

»Wirklich?« zweifelte Anna.

»Bedenke nur mal«, bekräftigte Conny, »wie unterschiedlich wir beide an diese biblische Erzählung herangegangen sind. Für dich war die Begegnung mit dem Namen *Ich-bin-da* ein geradezu lebenswichtiges Ereignis, du fühltest, dass dein inneres Wohl und Wehe daran hängt. Du begreifst die ganze Geschichte spontan als *deine* Geschichte mit Gott. Und ich? Ich lese Fachliteratur darüber und denke, oh, interessant, das war mir bisher noch gar nicht so deutlich, aha, so muss man das also interpretieren, und so weiter.«

»Schätze das nicht gering ein, Conny! Fachleute müssen sich nun einmal kritisch und nüchtern mit der Bibel beschäftigen. Und außerdem: die Sache mit Moses und wie er sich sträubt, das hat dich sehr existenziell berührt!«

Conny seufzte. »Wir merken wohl gerade, dass diese Geschichte von Mose vor dem Brennenden Dornbusch uns beiden viel bedeutet.« Nachdenklich verfielen beide Frauen in Schweigen.

»Der fromme Gelehrte, der diese Geschichte damals aufgeschrieben hat, muss ein nachdenklicher und sensibler Mensch gewesen sein.«, fuhr Conny dann fort. »Gott ist von seinem Thron herabgestiegen, er macht seinen Leuten Mut, in eine glückliche Zukunft aufzubrechen, sein Name, sein Wesen ist *Ich-bin-da*. Mensch, Anna, das nenne ich eine Erkenntnis, das nenne ich geistvoll!«

»Vielleicht hat ihm seine Frau ein paar entscheidende Anregungen dazu gegeben!«, meinte Anna.

Conny mußte lachen, dass ihr die Tränen kamen. »Vielleicht? Ganz sicher hat sie das!« brachte sie schließlich hervor.

Anna lachte mit, fand den Gedanken aber eigentlich gar nicht so verblüffend.

»Liegt doch nahe, oder?«

Dann machte sie das Fenster auf, lehnte sich hinaus und stellte fest, dass der vorher graue Himmel bläulich schimmerte und eine milde Sonne das erste Herbstlaub zum Leuchten brachte. Sie räumte entschlossen den Frühstückstisch ab und schlug einen Spaziergang durch den Benrather Schloßpark vor.

Bis zum Park nahmen sie die Straßenbahn. »Was macht Günter, was machen deine Töchter?« Annas Frage öffnete die Schleusen eines schier unerschöpflichen Gesprächsflusses über Ehemänner, Kinder, Freunde, über Krankheiten und Therapieversuche, über Krankenhausseelsorge und Apothekendienste, über Reisen, Radfahren und Schwimmen, Singen im Chor und Mitarbeiten bei amnesty international, über Drogen und Medikamentensucht, über Pläne und Träume. Der Redestrom der Beiden ließ nicht nach bis zum Nachmittag, als sie schon zusammen mit Jonas zu Mittag die versprochenen schwäbischen Spätzle gegessen und später Tee getrunken hatten, und je mehr sie einander fragten und erzählten, desto umfangreicher wurde die Menge dessen, worüber sie unbedingt auch noch reden wollten.

Charly war noch nicht von der Arbeit zurückgekehrt, als Conny wieder aufbrechen musste. Auf dem Weg zum Bahnhof stellten beide fest, dass sie froh und erschöpft zugleich waren von der Heftigkeit, mit der sich ihre Freundschaft nach so langer Dürrezeit erneuert hatte. Sie vereinbarten, sich mindestens einmal im Jahr zu treffen und regelmäßig zu telefonieren und zu mailen. Conny versprach, ihrer Freundin zu schreiben, wenn sie neue Erkenntnisse zum biblischen Gottesnamen entdecken würde.

»Ob es *Ich-bin-da* war, der uns wieder zusammengebracht hat – was meinst du, Anna?«

»Seltsam, so ähnlich hab' ich mich vor unserer Begegnung auch schon gefragt.«, erwiderte Anna. »Vielleicht hat er gedrängt, und wir hatten die Wahl, drauf einzugehen oder nicht.«

Eine junge Frau mit ihrem Töchterchen auf dem Arm kam die Treppe zum Bahnsteig herauf und stellte sich in die Nähe der Freundinnen. Zwei Jahre mochte die Kleine sein. Anna wurde still und schaute sie mit großen Augen an.

»Mein Zug kommt.«, hörte sie Connys Stimme wie aus einer anderen Welt. »Anna, ich glaube, ich weiß, woran du gerade denkst.«

Sie umarmten sich zum Abschied; außer einem etwas heiseren Tschüß waren keine Worte mehr nötig.

Bilder

E-Mail verfassen

Hallo Anna,

ich will dir gleich eine Mail schicken, denn ich bin noch so voller Freude darüber, dass wir uns wiedergesehen haben!

Unsere Gespräche klingen ständig in mir nach. Du hast den biblischen Gottesnamen *Ich-bin-da* entdeckt, und dieser Name hat Dich bis ins Innerste getroffen. Dadurch fing in Dir etwas an zu wachsen und zu blühen, wie ein Samen, der schon in der Erde lag und auf die wärmende Frühlingssonne gewartet hat. Und auch in mir hast Du damit eine Quelle freigelegt, die immer kräftiger sprudelt.

Wir unterhielten uns zum Schluß darüber, dass in der Bibel das Grundmodell vom Herrscher und seinen Untertanen ganz selbstverständlich auf das Verhältnis zwischen Gott und den Menschen übertragen wurde, dass man aber schon damals auch zu viel tieferen Einsichten vorgedrungen ist.

Wenn ich nun aber bedenke, wie bis heute im kirchlichen Alltag von Gott gesprochen wird, zum Beispiel in den gottesdienstlichen Texten, in Liedern und Gebeten, dann steht der *herrschende* Gott doch stark im Vordergrund. Der Lauf des eigenen Lebens und der Lauf der Welt ist natürlich vollständig von ihm allein abhängig.

Gott wird dabei überwiegend als ein gütiger, zum Vergeben bereiter, verständnisvoller *Herr* dargestellt, als ein Vater und Patriarch. »Gott der Herr« ist allmächtig, er sieht alles, er liebt seine Geschöpfe, erwartet Gehorsam und achtet darauf, ob ich mich richtig oder falsch verhalte, ob ich sündige oder nicht. Mein Glück ist: Ich kann noch so sehr sündigen, noch so schlecht sein – Gott wird mir vergeben, wenn ich auch nur einen Funken Glauben und Vertrauen habe, denn Jesus hat sozusagen im vorhinein durch seinen Sühnetod die fällige Strafe auf sich genommen. Das ist das Gottesbild, das, soweit ich das sehe, jahrhundertelang und bis heute im Vordergrund stand.

Kirchliche Hierarchen fühlen sich seit jeher ermächtigt und verpflichtet, das zu vermitteln, was Gott den Menschen sagen will. Sie treten gern »im Namen Gottes« auf, was für sie gleichbedeutend ist mit »im Namen des Herrn«. Sich fügen und in einem bescheidenen, dienenden Leben das irdische Dasein als Prüfung bestehen, das predigen dementsprechend viele »Hirten« ihren »Schäfchen«.

Die Einsicht, die über dieses Denkmodell hinausgewachsen ist, leuchtet schon in der Dornbusch-Geschichte auf. Die Grundidee darin scheint mir die zu sein: Gott ist *herabgestiegen* von seinem hohen Thron (auf den ihn die Menschen in ihrer Vorstellung gesetzt hatten). »Herabgestiegen« bedeutet ja: Gott will nicht »droben«, sondern mitten unter seinen Menschen leben und künftig *Ich-bin-da* genannt werden. Mose fällt die Aufgabe eines Vermittlers dieser Einsicht zu. Gott macht den Leuten Mut, die eigene Ohnmacht und das Gefühl der Aussichtslosigkeit zu überwinden. Sie müssen sich entschließen, »aus der Sklaverei aufzubrechen«. Gott verspricht ihnen, im richtigen Moment zu helfen; sie müssen abwarten, wie diese Hilfe dann aussieht. Er verspricht ihnen ein Traumland, ein »Gelobtes Land«, und ist bereit, sie dorthin zu führen – in das Land, das sowieso ihre eigentliche Heimat ist, aber sie müssen es noch einmal selbst »erobern«.

Diese Gedanken haben in den Kirchen schon auch ihren Platz. Aber im Vordergrund stehen sie im kirchlichen Alltag nicht. Und der Gottesname *Ich-bin-da* blieb bisher so gut wie unsichtbar und unhörbar. Das kommt mir auch als Theologin eigentlich immer seltsamer vor.

Wir beschäftigen uns weiter mit diesen Fragen, ja? Wir haben uns doch versprochen, einander an unseren Gedanken teilnehmen zu lassen.

Wie schön, dass ich mit dir teilen kann, was mich umtreibt! Grüße Charly und Jonas. Ich melde mich bald wieder!
Deine Conny

(E-Mail senden)

Liebe Conny,
ja, wie gut, dass wir uns wieder zusammengetan haben! Was du schreibst, interessiert mich sehr!

Ich mache mir das jetzt erst richtig klar: Da haben wir in der Bibel eine Jahrtausende alte Geschichte, aber wir lesen darin, als spräche Gott nicht zu Moses, sondern zu dir und mir. Und das erweist sich als bedeutsam und unwahrscheinlich anregend.
Du wirst ja bald mehr zu dem Thema schreiben. Ich warte also noch ein bisschen, und versuche, meine eigenen Gedanken dazu ebenfalls weiter zu denken und zu ordnen.

Conny, nicht nur ich finde dich einfach klasse, auch Charly war schwer beeindruckt, und Jonas wollte, dass ich ihm Geschichten aus unserer Schulzeit erzähle, wo du drin vorkommst. Er traut dir nämlich zu, dass du den Lehrern Streiche gespielt hast, und das ist ein Kompliment…
Machs gut, Conny, und grüße Günter und die Kinder! (Beinah hätte

ich geschrieben »Günter und die Künter«! Albern waren wir doch beide immer gern!)
Deine Anna

E-Mail senden

Liebe Anna,
ein Hoch auf unsre Albernheit! Günter und die Künter dünken hürzlich für die Grüße!

Trotzdem, ich kann's gar nicht erwarten, auf unser Thema zurück zu kommen. Wirklich, Anna, ich spüre, wie es auch auf mich befreiend wirkt, dieses andere Bild von Gott namens *Ich-bin-da*. Gott ist da – wie die Luft, die ich einatme, stelle ich mir vor, wenn ich diesen Namen ausspreche. Er macht Mut, er traut mir mehr zu als ich mir selbst, er verspricht zu helfen. Wir sind in seinen Augen nicht die völlig verdorbenen Sünder, sondern Gefangene, die dringend befreit werden müssen.

Ich muss oft daran denken, was du berichtet hast: Du konntest es einfach nicht mehr ertragen, die andern in der Kirche singen zu hören »Lobe den Herren, der alles so herrlich regieret«. Die Realität stand im Widerspruch dazu. Als Nadine sterben mußte, sahst du nur die beiden Möglichkeiten: Entweder quält Gott mich wie ein Tyrann, oder ihm ist gleichgültig, was geschieht.

Das muss so furchtbar gewesen sein. Du hast deine geliebte Nadine verloren, und dein religiöses Zuhause, das dir früher Geborgenheit gab, half dir gerade im Ernstfall nicht weiter, im Gegenteil, es musste dir kalt und abweisend vorkommen.

In meinen Gesprächen mit den Patienten im Krankenhaus und in meinen Gottesdiensten bin ich inzwischen aufmerksamer geworden und achte noch viel mehr als bisher darauf, auf welche Weise, mit welchen Worten ich von Gott spreche, welche Bilder ich benutze.

Ich möchte sehr gern etwas dafür tun, dass die Vorstellung vom befreienden Gott mit dem Namen *Ich-bin-da* auch im Alltag anderer Menschen, denen Bibel und christlicher Glaube wichtig sind, besser ankommt und seine Kraft entfalten kann. Du hast mich dazu angeregt!

Ich bin immer richtig gespannt, wenn ich nach Mails schaue: Ist wieder was von Dir dabei?

Tschüß, Deine Conny

E-Mail senden

Hallo Conny,

Ich muß mit einem Seufzer anfangen, denn ich erlebe ein Wechselbad von Gefühlen. Gestern hörte ich, dass ein Kunde, der schon lange an einer schweren Depression litt (seine Frau holte immer die Medikamente bei uns), sich von einer Brücke in den Tod gestürzt hat. War Gott für ihn *Ich-bin-da*?? Und für seine Frau, die sich in ihrer Trauer auch noch schwere Vorwürfe macht?

Conny, mit meinem Verstand *will* ich weiter an den Beistand von *Ich-bin-da* glauben. Ich kenne ja auch viele Beispiele, die mir Zuversicht geben, also Beispiele dafür, dass Menschen heil und gesund geworden sind. Ist das Aufbauende wenigstens unterm Strich stärker als das Zerstörerische? Ist die Einsicht stärker als die Dummheit? Ist der gute Wille stärker als die Macht der Neurosen, Psychosen und Süchte?

Gott will unsere Mitarbeit? Gut, viele setzen sich ja ein mit ganzer Kraft. Aber hilft Gott dann wirklich dort, wo wir Menschen einfach zu schwach sind? Was haben Christen und andere nicht alles getan, um Amerika von den Kriegsplänen gegen Irak abzubringen. Es hat nichts genützt, und Gott hat zugesehen. Oft geht alles so langsam vor sich, so schwerfällig, verbunden mit unendlich vielen Rückschlägen und Leid. Warum greift Gott nicht mit Macht ein – die Frage drängt sich mir schon wieder auf.

Trotzdem, Conny, ich bin, jedenfalls heute, fest entschlossen zu glauben, dass Gott *Ich-bin-da* ist und dass er wirklich diese befreiende Absicht hat, auch wenn sich so viele Widersprüche zeigen. Ich *will* es einfach glauben.

Mein Motiv für diese Entschlossenheit kommt aus der Erfahrung: Ich war ja lange resigniert und abweisend und voller Vorwürfe gegenüber Gott. Das war keine gute Zeit in meinem Leben. Bitterkeit tut weh und macht blind für das Schöne. Ich *will* mir die Schöpfung nicht mehr vorstellen ohne einen guten Gott. Wenn ich einmal (in einem anderen Leben? Im »Jenseits«?) wirklich mit ihm werde sprechen dürfen, dann will ich sagen können: ich habe wenigstens versucht, auf dich zu vertrauen – warum hast du mir das so schwer gemacht, warum hast du dich so versteckt? Wolltest du mich vielleicht immerzu auf die Probe stellen? Aber, Conny, stellt man denn eigentlich ständig einen Menschen auf die Probe, den man angeblich liebt?

Die Welt wird offensichtlich wirklich nicht von Gott regiert nach dem Modell eines irdischen Monarchen, der die gesamte Verantwortung und Kontrolle in seinen Händen hat. Ja Conny, lass es uns so machen, wie du vorschlägst. Wir lassen die Vorstellung hinter uns, der

Herrgott betrachte uns von einem hohen Thron aus als Sünder, die froh sein müssen, dass es ihnen zur Strafe nicht noch viel schlimmer ergeht, die ständig um sein Erbarmen flehen und fürchten müssen, sie seien nicht gehorsam genug. Wenn Gott Nadines Tod *gewollt* hätte, vielleicht um mich oder Charly oder uns beide zu prüfen oder zu strafen oder um sonst irgendwas Unbegreifliches zu erreichen, dann würde ich verrückt werden, dann könnte mir dieser Gott gestohlen bleiben!!! Lass uns lieber das Bild vom Befreier *Ich-bin-da* herzhaft in den Blick fassen. Mit dir zusammen fällt es mir auch leichter, als wenn ich mich dabei allein fühlen würde.

Ich schreibe dir jetzt noch einen Text ab. Frau Bertold, eine Mitarbeiterin in unserer Apotheke, hat ihn in einem Heftchen für Urlauber entdeckt und mir mitgebracht. Die Verfasserin heißt Ursula Geiger. Ich finde es sehr bewegend.

O Gott
was tue ich vor dieser kalten grauen Wand
die Zukunft heißt
und Gott
was sage ich zu dem zerrissnen wirren Netz
Vergangenheit
Weiß nicht was wird
und das was war kann mich nicht retten
O Gott
du sagst doch
Ich-bin-da
Sagst immer wieder für uns Menschen das einzige
was mich noch hält
dein **Ich-bin-da**

Und wie Vertrauen schleicht sich ein
o Gott
dein Name
Ich-bin-da

Conny: als ich das las, musste ich weinen.
Soviel für heute, ich melde mich bald wieder!
Deine Anna

(E-Mail senden)

Hallo Conny,
ich habe zwar erst gestern Abend eine Mail an dich abgeschickt,
aber ich muss heute gleich wieder an dich schreiben. Ich bin nämlich total verwirrt!
Ich hab' dir doch von Alexios erzählt, meinem griechischen Kollegen
in der Apotheke. Seitdem ich voriges Jahr mit ihm den orthodoxen
Ostergottesdienst erlebte, kommen wir immer wieder mal auf religiöse Themen zu sprechen. In einer Lücke im Regal unseres Arbeits-
zimmers hinter dem Verkaufsraum hat er sich eine Ikone hingestellt,
auf der Christus die Seele der sterbenden Maria in Gestalt eines
kleinen Kindes aufnimmt, indem er sie behutsam in seinen Händen
hält.

Ich schaue immer gern auf diese Ikone, sie hat etwas sehr Fried-
liches an sich. Aber etwas fiel mir erst gestern auf, nämlich drei griechische Buchstaben (O Ω N) im Heiligenschein von Christus, und
ich fragte Alexios, was sie bedeuten. Er erklärte mir, das heiße »der

Seiende«. Das kam mir merkwürdig vor. »Warte einen Augenblick«, sagte Alexios. Was tat der Gute? Weil in der Apotheke gerade nicht viel los war, rief er auf der Stelle den Pfarrer in seinem griechischen Heimatdorf an! Danach konnte er mir erläutern: *Der Seiende* sei der Name, mit dem Gott sich selbst dem Moses gegenüber aus dem Feuer des brennenden Dornbusches bezeichnet habe. Und da Jesus Gott sei, gebühre auch ihm diese Bezeichnung.

Ich dachte, ich höre nicht richtig. Gibt es da verschiedene Versionen in der Bibel? *Der Seiende,* das ist doch nicht dasselbe wie *Ich-bin-da*!

Bitte, schreib mir bald, was da nun stimmt.
Deine Anna.

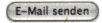

Liebe Anna,

danke für deine beiden Mails, danke für den Text, den du für mich abgeschrieben hast! Es könnten auch die Worte so mancher Patienten sein, mit denen ich in der Klinik ins Gespräch gekommen bin. Wenn ein Mensch seine Vergangenheit und seine Zukunft als so trost- und ausweglos erlebt und dann trotzdem noch auf Gottes Nähe vertraut, empfinde ich eine tiefe Ehrfurcht vor ihm. Ich kann dann nur still sein, und vielleicht mit ihm zusammen beten.

Ja, dann bist du über Alexios' Ikone auf den *Seienden* gestoßen. Ich brauchte ein paar Tage, um der Frage gründlich nachzugehen. Inzwischen weiß ich: Genau dieses Problem ist eine der Ursachen dafür, dass kaum jemand den Gottesnamen kennt und verwendet!

Soviel gleich vorweg: Nicht *Der Seiende,* sondern *Ich-bin-da* ist die richtige Übersetzung aus dem hebräischen Originaltext der Bibel. Darüber sind sich die Fachleute einig.

Im *griechischen* Text der Bibel steht aber tatsächlich stattdessen, Gott habe zu Mose gesagt *»Ich bin der Seiende«.* Und das kam so:

Das betreffende *hebräische* Wort für sich allein genommen hat zwei Hauptbedeutungen. Man muss sich beim Übersetzen entscheiden, ob man schreibt: »Gott sprach zu Mose: Ich bin, der ich bin. Sag den Israeliten: *Ich-bin* hat mich zu euch gesandt«, oder ob man schreibt: »Gott sprach zu Mose: Ich bin, der ich da bin. Sag den Israeliten, *Ich-bin-da* hat mich zu euch gesandt.« (Beides kann man auch in die Zukunftsform übersetzen, das hattest du ja schon in Amsterdam gehört.) Es gehört außerdem zu den Freiheiten beim Übersetzen, aus einem Relativsatz ein Gerundivum zu machen, also statt »Ich bin, der ich bin« kann man »Ich bin der Seiende« übersetzen, genauso, wie man statt »Ich bin da« auch sagen könnte »Ich bin der Daseiende«.

Das Kriterium, wofür man sich entscheiden soll, kann nur der Zusammenhang liefern. Wer übersetzen will: »Ich bin, der ich bin. Sag den Israeliten, *Ich-bin* (oder eben *Der Seiende*) hat mich zu euch gesandt.«, betrachtet den Namen als eine philosophische Aussage. Das passt aber eindeutig nicht in den Zusammenhang. Gott will doch in dieser Geschichte zusichern, dass er dem Mose und dem ganzen Volk die notwendige Hilfe zur rechten Zeit gewähren wird. Gott will gewiss in diesem Moment nicht darauf hinweisen, dass sozusagen zur Definition des Gottseins gehört, zeitlos, ohne Anfang und ohne Ende zu existieren. Ich bin *der Seiende* – das wäre ja für die Ermutigung zum Aufbruch aus der Knechtschaft gar nicht relevant. Es sagt ja noch gar nichts über die Beziehung zwischen Gott und seinen Menschen aus.

Ich finde sogar, es sagt überhaupt nichts Besonders aus. Dass Gott zeitlos existiert, ist doch eine Selbstverständlichkeit, oder? Ein erschaffener oder sterblicher Gott, das wäre ein Widerspruch in sich. Wenn man die Dornbuschgeschichte inhaltsgerecht übersetzen will, muss man jedenfalls beachten, dass es um Hilfe und Beistand geht, und man darf nicht nur schreiben *Ich-bin,* sondern muss als Übersetzung *Ich-bin-da* wählen (oder die Zukunftsform *Ich-werde-dasein.*)

Wie schaffte es dann trotzdem der Ausdruck *Ich bin der Seiende* in den griechischen Bibeltext? Man kann die Antwort nur vermuten. Vielleicht wollte man damals im dritten Jahrhundert vor Christus, als die griechische Übersetzung des hebräischen Originals angefertigt wurde (sie heißt Septuaginta), betonen: Der biblische Gott, den die Juden verehren, ist der einzig wirkliche Gott. Er ist nicht ein Gott wie Zeus oder Poseidon oder sonst einer der vielen griechischen Göttergestalten, sondern er ist der Gott, der ewig lebt, ohne Anfang und Ende, eben »der Seiende«. Die Gelehrten, die die Bibel ins Griechische übersetzten, hatten ein anderes Interesse als der hebräische Verfasser des Originaltextes, und sie nutzten vielleicht die günstige Gelegenheit, ein göttliches Wort auf philosophischem Niveau in ihre Texte einbauen zu können.

Bis heute haben sich im gesamten Christentum liturgische Texte erhalten, die betonen, dass Gott ewig, stark, unsterblich sei, auch wenn wir das ja als selbstverständliche Voraussetzung betrachten, ohne die es sich überhaupt nicht lohnen würde, über Gott zu reden. Tragisch, Anna, finde ich bloß, dass darüber der Blick auf das biblische Bild von Gott behindert wird, der von seinem Thron herabgestiegen ist und sich um die Notlage seiner Menschen kümmert, der ihnen nahe ist und sich mit ihnen auf den Weg in eine gute Zukunft macht.

Mir kommt da gerade ein Gedanke, Anna, noch ganz unreflektiert. Vielleicht hat sich dieser *Konkurrenz-Gedanke* bis heute in den christlichen Kirchen erhalten: Unser Gott muss die andern Götter sozusagen ausstechen, er muss der Größte, der Mächtigste, der Stärkste sein, unantastbar, eigentlich auch unnahbar, in sich selbst schon vollkommen glücklich und zufrieden auch ohne uns Menschen…

Haben es *darum* andere Strömungen in unserer Tradition so schwer, ihren Platz zu behaupten? Als Repräsentanten eines unendlich erhabenen, in sich ruhenden Gottes konnten sich die Kirchenmänner natürlich, wenn sie wollten, selber auch so angenehm erhaben und unantastbar in Szene setzen. Das geht jedoch nicht mehr, wenn die Vorstellung gilt, dass Gott bei den Kleinen, den Leidenden gesucht werden soll, und dass er sich mit uns zusammen aus dem ganzen Schlamassel herausarbeiten will. An Weihnachten ist das Thema immer mal groß da: Gott wird Mensch, einer von uns, Sohn einfacher Leute, kleines Kind in Windeln, im Stall geboren – aber danach spielen diese Gedanken eher nur am Rand eine Rolle.

Ich habe gerade ein Buch aus dem Regal genommen wegen eines Zitates von Martin Buber, an das ich mich in diesem Zusammenhang undeutlich erinnerte. Jetzt, wo ich es nochmal lese, finde ich es unglaublich tiefsinnig. Ich schreibe es für dich ab, es stammt aus Bubers Schriften zur Philosophie:

»Dass du Gott brauchst, mehr als alles, weißt du allezeit in deinem Herzen. Aber nicht auch, dass Gott *dich* braucht? In der Fülle seiner Ewigkeit dich? Wie gäbe es den Menschen, wenn Gott ihn nicht brauchte, und wie gäbe es dich? Du brauchst Gott, um zu sein, und

Gott braucht dich zu eben dem, was der Sinn deines Lebens ist.« Du lebst, weil Gott dich braucht… Ob das so ist, Anna?

Du schreibst, dass dir dein Gefühl, dein Herz, derzeit nicht beim Glauben an *Ich-bin-da* hilft. Die Basis sei vielmehr dein willentlicher Entschluss, weil du keine bessere Alternative siehst. Anna, selbst den größten Mystikerinnen ging es oft nicht besser. Innerlich überwältigt und ganz unangefochten sein, das ist ein seltenes Geschenk. Mir geht es sehr oft ähnlich wie dir zur Zeit.
Mach's gut, Anna! Deine Conny

E-Mail senden

Hallo Conny,
nun habe ich beim Lesen deiner letzten Mail mitbekommen, wie Theologen an biblische Texte herangehen. Ziemlich interessant! Übrigens: Solltest du mal etwas über die Zusammensetzung und Wirkungsweise von Medikamenten wissen wollen, würde ich mich gern schlau machen und dich auch ganz ausführlich informieren!

Gott und die Theologie - da kam mir einer deiner damaligen Lieblingswitze in den Sinn! Weißt du noch: Einige berühmte Theologen saßen im himmlischen Wartesaal. Alle waren gespannt, wie Gott nun wirklich aussehe, denn jeder von ihnen hatte es besser wissen wollen auf der Erde. Einer aus Amerika durfte als erster zur Audienz hinein. Kreidebleich kam er wieder heraus. »Was ist? Wie sieht Gott aus?«, wollten alle wissen. Er konnte nur heiser flüstern: »She is black!«

Conny, da fällt mir plötzlich auf: Wir beide reden bislang ausschließlich in männlichen Bildern von Gott. Ich weiß noch aus dem »Reli«, dass eigentlich nichts dagegen spricht, auch weibliche Bilder für Gott zu benutzen! Also, wer sagt, dass wir uns *Ich-bin-da* nur als (älteren) Mann vorstellen dürfen? Zum *Ich* im Namen könnte ich mir doch auch eine Frau denken, eine alte weise Frau, oder eine junge Mutter, ein junges Mädchen! Oder ein Kind (denk an Weihnachten!).

Das *Ich* im Gottesnamen ist zwar total ungewohnt (Kennst du einen Namen mit *Ich*? Ich kenne keinen), aber das *Ich* ist offen für *beide* Geschlechter! Conny, jetzt, wo mir das bewusst wird, bin ich noch mehr angetan von diesem Namen Gottes *Ich-bin-da*. Nicht nur von einem Mann, auch von einer Frau, einem Mädchen, einem Kind kann doch etwas Befreiendes ausgehen oder etwas Ermutigendes, etwas Wegweisendes.

Die Art und Weise, wie *Ich-bin-da* den Menschen in Zukunft beistehen wird, soll offen bleiben und abgewartet werden – diese Mahnung steckt in dem Namen auch drin, hast du schon hier bei deinem Besuch gesagt. Das ist sehr weise, finde ich, das schafft nämlich Raum dafür, dass man über Gott heute auch ruhig mal ganz anders denken kann als in der biblischen Zeit. Da könnte doch zum Beispiel irgendwann die Einsicht reifen, dass Gott seine Menschen befreien will mit Hilfe von Kräften, die nicht in Gewaltanwendung, wie zu Pharaos Zeiten, sondern im unbefangenen Verhalten eines Kindes stecken und den brutalsten Mann verzaubern und zähmen können! Oder mit Hilfe von Kräften, die von der hinreißenden Schönheit und der Fürsorge einer jungen Mutter ausgehen… Für die rauhen Schädel ägyptischer Krieger oder kämpferischer Beduinen wäre das sicher damals nicht vorstellbar gewesen – obwohl, ich weiß es natürlich nicht. Aber wenn es um die Befreiung der Menschen überhaupt geht, was hindert mich, mir für das befreiende Potenzial, mit dem Gott unsere Fesseln durchtrennen und uns in ein Gelobtes Land bringen will, das Bild eines Kindes vorzustellen, oder das einer schönen, weisen Frau, jung oder alt. Oder – Conny!! – noch viel besser: das Bild einer Freundin! Einer guten, klugen, schönen Freundin!

So, ich hab erstmal in Ruhe einen Kaffee getrunken. Ich fühle mich innerlich richtig aufgewirbelt. Habe ich da nicht etwas Faszinierendes entdeckt?! Na ja, sicher bin ich nicht die Erste, die auf solche Gedanken kommt. Werde ich mein bisheriges (unwillkürliches) Gottesbild, das Fantasiebild eines älteren Herrn, nun gegen ein anderes austauschen? Ältere Herren mit ruhiger, erfahrungsbewährter Tatkraft, Geduld und Güte kann ich ja auch durchaus schätzen, also, ich habe nichts Grundsätzliches gegen sie. Es ist wohl eher die *Einseitigkeit*, die ich überwinden möchte.
Was denkst du, Conny? Gott – eine gute Freundin? O ja! Mich spricht das sehr an! Diese Vorstellung macht mir das Vertrauen leichter und die Einwände und Zweifel schwächer.

Was ich dir aber auch noch berichten wollte: Ich habe dem Alexios erzählt, was du zur griechischen Übersetzung des Gottesnamens, *Der Seiende,* herausgefunden hast. Er fand das nicht uninteressant. Er meinte aber, auf seinen Pfarrer würden solche Argumente überhaupt keinen Eindruck machen. Er habe in der Schule gelernt, dass für die Auslegung der Bibel ganz allein die Kirche zuständig sei. Ein orthodoxer Priester werde darum darauf bestehen: Wenn die Kirche schon seit Urzeiten den hebräischen Gottesnamen mit O ΩN, *der Seiende,* übersetze, sei dies selbstverständlich richtig und müsse von allen akzeptiert werden.

Conny, einige Kirchenmänner leiden offensichtlich nicht an Selbst-unterschätzung. Gott spricht nur durch sie. Abweichende Ideen sind ein Beweis dafür, dass sie nicht im Sinne Gottes sind. Da helfen auch sprachliche Bibelstudien nichts. Basta!

»Und wie siehst *du* das?« fragte ich Alexios. Er wiederholte sein Mantra: »Verschone einen alten Mann mit solch schwierigen Fragen.« Ich sagte: »Alexios, nun gib dir mal einen Ruck und tu' nicht so, als ob dein Verstand eingerostet sei!«. »Ein bisschen mehr Respekt bitte, junge Frau!« meinte er. Es sollte lustig klingen, aber ich merkte, dass er gekränkt war.

Conny, mach's gut. Ich freue mich auf deine nächste Mail!
Deine Anna.

(E-Mail senden)

Hallo Anna,

es ist wunderbar, neue Denkmöglichkeiten und Einsichten unverhofft zu entdecken! Das geht mir auch so. Und dass du mich daran teilnehmen lässt, macht es doppelt schön. Dein Gedankengang ist logisch und faszinierend! Und geistreich. Da ist etwas von Gottes Geist zu spüren. Doch, Anna, das meine ich ganz ehrlich!

Es tut mir sehr gut, mit dir schreibend zu sprechen, mit dir zusammen auf der Suche zu sein! Wie sich die Zeiten geändert haben: Früher haben wir Pläne geschmiedet für Sonntagsflüge oder haben Methoden erfunden, um Kerle aufzumischen. Und heute suchen wir gemeinsam nach einer Vorstellung von Gott, mit der wir leben können…

In der Bibel selbst finden sich schon mehrere weibliche Bilder für Gott, aber auf die führenden Kirchenmänner hat das in der Vergangenheit wohl keinen besonderen Eindruck gemacht, jedenfalls konntest du bis vor einiger Zeit frauliche Gottesbilder im kirchlichen Alltag mit der Lupe suchen. Heute sorgen viele Frauen in der ganzen Welt dafür, dass diese Bilder zur Geltung kommen. Insofern bist du in der Tat nicht die Erste, die diese Möglichkeit entdeckt. Aber wie du die möglichen Konsequenzen daraus (auch aus dem Bild eines Kindes) für deinen Glauben an Gottes Wirken in der Welt formulierst, das finde ich wunderbar! Das spricht mich sehr an, und ich danke dir ganz extra für diese Gedanken!

Ich habe inzwischen weitere Literatur zum biblischen Gottesnamen gelesen. Weißt du, wie oft er in den biblischen Texten vorkommt? Ich wusste es bisher auch nicht! Er kommt sechstausendachthundert mal vor!! Hättest du das gedacht?
Und warum um Himmels willen ist uns der Name dann nicht längst geläufig? Warum stößt man nicht ständig beim Lesen der Bibel auf diesen Namen?
Das ist, das begreife ich allmählich, eine geradezu tragische Geschichte.
Erinnere dich an das zweite der Zehn Gebote: Du sollst den Namen Gottes nicht missbrauchen. Irgendwann, so im vierten oder dritten Jahrhundert vor Christus, breitete sich die Überzeugung aus unter den Juden, man dürfe den Gottesnamen nur mit äußerster Konzentration und Andacht aussprechen, alles andere sei schon eine Sünde gegen das Zweite Gebot. Um dieser Sünde zu entgehen,

hüteten sich die Schriftgelehrten, beim Lesen oder Vorlesen den Gottesnamen überhaupt auch nur auszusprechen. Sie gewöhnten sich an, jedesmal, wenn der Name im Text auftauchte, ein kleines Stoßgebet zum Himmel zu schicken: *O mein Herr!* (Auf Hebräisch: *Adonaj!*)

Das war sozusagen der Anfang vom Ende. Als die biblischen Texte in die damalige Weltsprache Griechisch übersetzt wurden, sah man die Chance, gleich von vornherein eine eventuelle ehrfurchtslose Aussprache des Namens zu unterbinden. An Stelle des Namens wählte man eine *andere Bezeichnung* für Gott.

Ich glaube nicht, dass man sich nun damals große Gedanken machte – durch den Brauch, *O mein Herr!* zu sagen, lag ein Wort ja schon bereit, nämlich *Der Herr.* Diese Bezeichnung für Gott war ja allen schon geläufig. Und, mir nichts dir nichts, tauchte bald in den griechischen Exemplaren der Bibel an all den sechstausendachthundert Stellen nicht mehr der Gottesname auf, auch nicht ein Versuch, seinen Inhalt zu einem griechischen Namen zu machen, sondern die Ersatzbezeichnung, die ja auch bei den Griechen beliebt und verbreitet war: *Ho Kyrios, Der Herr.* Wer kein Jude war, wusste gar nicht, dass sich im hebräischen Originaltext dahinter jedesmal der Name JHWH verbarg, und dass dieser Name *Ich-bin-da* bedeutet.

So ging es weiter. Natürlich wurde die Bibel auch ins Lateinische übersetzt, *kyrios* wurde dabei ganz selbstverständlich in das lateinische Wort für *Herr,* nämlich *dominus,* verwandelt. In den Kirchen galten sowohl die griechische Bibelübersetzung (Septuaginta) als auch die lateinische (Vulgata) als massgebliche, authentische Texte. Der Gottesname tauchte darin statt sechstausenachthundertmal nur noch ein einziges Mal auf, nämlich in der Dornbuschgeschichte selbst, dort aber als philosophierende Fehldeutung des Originals, so als habe Gott dem Mose aufgetragen: »Sag den Israeliten, *Der Seiende* hat mich zu euch gesandt«.

So blieb es viele Jahrhunderte lang, und auch die späteren Übersetzungen in alle anderen Sprachen übernahmen das, was man inzwischen als »alten Brauch« betrachtete. Sie beließen es in der Dornbuschgeschichte beim *Seienden* und im gesamten restlichen Bibeltext beim Ersatzwort *Herr*.

Seit einigen Jahrzehnten haben die christlichen Bibelexperten zwar die ursprüngliche Bedeutung *Ich-bin-da* wiederentdeckt. Aber das Ersatzwort *Der Herr* wieder zu streichen und den Gottesnamen wirklich in andere Sprachen hinein zu übersetzen, das fanden sie alle zu schwierig.

Ob das vielleicht auch daran liegt, Anna, dass die Übersetzer bisher fast ausschließlich Männer waren, denen *der Herr* als Bild und Bezeichnung für Gott natürlich besonders sympathisch vorkommen musste? Die sechstausendachthundert Bibelstellen, die die Männer *dem Herrn* so großzügig überlassen haben, hatten natürlich zur Folge, dass *der Herr* schließlich auch *außerhalb* der Bibeltexte als Gottesbezeichnung einen sagenhaften Boom erlebte. In den offiziellen gottesdienstlichen Texten, in den Gebeten, in den Liedern, in den Liturgien, ständig und überall präsentiert sich Gott an erster Stelle so, wie es dir auch aufgefallen ist, nämlich als der *Herr.*

Ich kann mir gut vorstellen, dass es für die kirchlichen »Würdenträger« aller Zeiten und Konfessionen überhaupt keinen Grund gab, den *Herrn* wieder auf sein viel bescheideneres Maß, das ihm die Bibeltexte zugestehen, zurückzudrängen. Die Überlegung, die ich schon einmal geäußert habe, scheint mir wirklich gar nicht so abwegig zu sein: Als menschliche Herren sich sonnen zu dürfen im Glanz

Gottes, eines *allerhöchsten, allmächtigen Herrn*, das hat doch was sehr Verlockendes. Dagegen ein Gott namens *Ich-bin-da,* der seinen geplagten Menschen ganz nahe sein will und mit ihnen auf dem mühsamen Weg der Befreiung unterwegs ist... Einem solchen Gott an vorderster Stelle zu dienen, könnte doch ein bisschen anstrengend werden, also warum sollte man sich für dieses Gottesbild überhaupt ins Zeug legen?

Und es hat sich ja gezeigt, dass die fast konkurrenzlose Vorstellung von Gott als einem *Herrn* ein bestimmtes Denkmodell in der gesamten Christenheit mächtig favorisierte, das *Herrschen-Gehorchen-Modell.* Gott befiehlt, und natürlich war es die kirchliche Hierarchie, die den Willen Gottes dann in die richtigen menschlichen Worte kleidete. Und wer Gott gefallen und nicht sündigen will, muss gehorchen. Weil kein Mensch perfekt gehorcht und jeder immer wieder etwas falsch macht und Schuld auf sich lädt, liegt es eben nahe, Leid als Strafe zu bezeichnen oder zumindest als Weg zur Läuterung oder als Prüfung. Da bleibt kein Platz mehr für einen *Ich-bin-da* – Gott, der Leid als Elend betrachtet, und der vom Thron herabsteigt, damit er die Leidenden befreien helfen kann.

Der allmächtige Herrgott dort droben – diese Vorstellung wurde im kirchlichen Leben nicht als eine vorübergehende Phase im Nachdenken über die Beziehung zwischen Gott und Menschen betrachtet, sondern eroberte sich den Rang einer Erkenntnis, die für immer gelten soll. Die Bilder vom Gott in der Höhe, vom Beherrscher und Lenker der Welt behielten ihr Gewicht und wurden bis in die Gottesdienste und in den Religionsunterricht hinein weitergegeben. Die Vorstellung, Gott wohne mitten unter seinen Menschen und gehe mit ihnen zusammen den Weg der Befreiung, hatte es dagegen schwer.

Ich will mich aber auf keinen Fall zur Richterin über die kirchliche Hierarchie erheben! Weißt du, ich denke, da ist über lange Zeit hin eine Art Sog entstanden, dem der einzelne sich vermutlich kaum entziehen konnte. Ich meine den Sog, das Herrscher-Untertanen-Modell weiterhin auf das Verhältnis zwischen Gott und den Menschen anzuwenden. Und ich will ganz ehrlich sein: Ich bin auch mitgeschwommen, vielleicht eher am Rande, ja, aber ich habe mich eingereiht. Richtig bewußt wird mir das erst jetzt!

Umso mehr Respekt empfinde ich nun vor denen, die es in allen Kirchen schon lange gab und gibt, die – viel konsequenter als ich – die biblische Botschaft vom nahen Gott, der uns befreien will und dafür unsere Mitarbeit braucht, begriffen und gelebt haben, und zwar oft unter großen Schwierigkeiten. In den letzten Jahrzehnten waren das vor allem Christen in Lateinamerika.

Anna, nun bin ich also durch dich auf diese Fragen und Zusammenhänge gestoßen und kann nicht wieder einfach zur Tagesordnung übergehen. Ich bin ja eine »Funktionärin« in einer Kirche, die nach wie vor Gott vor allem als *Herrn* darstellt und *Ich-bin-da* verdrängt hat. Ich möchte dazu beitragen, dass sich daran etwas ändert. Kannst du mir dabei helfen?

Vieles geht mir durch den Kopf. Aber diese Mail ist schon lang genug… Ich melde mich bald wieder!

Deine Conny

E-Mail senden

Befreit

Erschöpfter als sonst kehrte Anna von der Arbeit heim. Die Linden in ihrer Straße hatten die letzten Blätter abgeworfen; wie schwarze Skelette standen sie unbeweglich vor der grauen Wolkenkulisse. Müde stieg sie die Stufen zu ihrer Wohnung im zweiten Stock hinauf. Sie hatte am Vormittag eilige Medikamente aus der Apotheke in ein Seniorenheim bringen müssen und war dort in die bedrückte Stimmung hineingeraten, die der unerwartete Tod einer beliebten alten Dame, mit ihren sechsundsiebzig Jahren eine der jüngsten, über Personal und Bewohner ausgebreitet hatte. Anna packte in der Küche die Sachen für das Mittagessen aus, für sich selbst und für Jonas, der jeden Augenblick aus der Schule kommen würde.

Jonas kam mit den Anzeichen einer Erkältung nach Hause und aß nur wenig. Anna konnte ihn zu einem Salbeitee mit Honig überreden. Dann legte sie sich auf die Couch in der Hoffnung, ein wenig wegdämmern zu können.

Die Entspannung wollte nicht gelingen. Zweiundsiebzig war ihre eigene Mutter jetzt, der Vater siebenundsiebzig, seit fünf Jahren regelte ein Schrittmacher seinen Herzschlag. Wie viel Zeit würde noch vergehen, oder wie wenig, bis jemand vom Bestattungsunternehmen den ersten Sarg aus ihrem Elternhaus hinaustragen würde? Anna wehrte sich gegen diese Vorstellung – doch dann gab sie den Widerstand auf. Besser, der Wirklichkeit ins Gesicht sehen. Der Tag wird kommen, an dem mein Elternhaus zum Erinnerungshaus ohne Eltern wird. Und, natürlich, auch der Tag wird einmal kommen, an dem Jonas vor *meinem* Grab steht, und der Sarg, in dem mein toter Körper liegt, wird vor seinen Augen hinunter gelassen. Erde zur Erde,

Staub zum Staube. »Die Seelen der Verstorbenen mögen ruhen in Frieden!«

Wird meine Seele dann wirklich in Frieden ruhen? Wird meine Seele Nadines Seele finden, die Seelen meiner Mutter und meines Vaters? Charlys Seele, sollte er vor mir gestorben sein? Anna fröstelte bei diesem Gedanken. Dann dachte sie an Alexios' Ikone, auf der Christus die Seele seiner Mutter Maria als kindkleine Figur, aber königlich gekleidet und mit Gloriole um den Kopf, in Empfang nimmt, während die Trauernden um den Leichnam stehen, ohne die Szene mit Marias Seele wahrnehmen zu können.

Da sah sie *Ich-bin-da* lebendig an ihrer Seite gehen. Wie ein Bergführer schritt er voran, vor und hinter und neben ihm eine große Gruppe von Wanderern, zu denen sie auch selbst gehörte. Sie sah sich selbst als alte Frau erschöpft um eine kurze Pause bitten. Da löste sich aus ihrem Inneren eine kleine Seelengestalt, ohne Gloriole, fleckig und zerzaust, mit staunenden Augen um sich blickend. *Ich-bin-da* nahm sie behutsam an sich, wendete sich nach vorn, im gleichen Moment verwandelte sich der Horizont vor ihr in ein Lichtmeer wie bei einem Sonnenaufgang, und *Ich-bin-da* streckte beide Hände nach vorn aus, um Annas Seele wie eine Taube ins Licht hinein fliegen zu lassen. Sie fühlte sich frei, federleicht. Die Stelle, an der ihr Leib lag, wurde zum Ufer eines großen Sees, eine Woge nahm den seelenlosen Körper mit sich. Sie sah die Wandergruppe mit ihrem Bergführer wie aus der Ferne weiterschreiten. Sie war nicht mehr dabei.

Aus dem Kinderzimmer hörte Anna das Husten von Jonas. Ich muss geschlafen haben, sagte sie zu sich selbst. Sie setzte sich auf, ging ins Badezimmer und füllte mehrmals ihre Hände mit kaltem Wasser, um Augen und Schläfen und Stirn hineinzutauchen. Noch immer sah sie das Bild ihrer kleinen Seele vor sich, geborgen in den behutsamen Händen des Wegführers. Es war ein ganz ruhiges Gefühl.

Anna trocknete ihr Gesicht, holte das Fieberthermometer aus dem Badezimmerschrank und ging zu Jonas. Sie maß siebenunddreißig neun. Jonas murrte, weil das Display keinen höheren Wert anzeigte – dann hätte er morgen vielleicht nicht zur Schule gehen müssen.

Anna nahm sich vor, heute nichts anderes mehr zu tun, als den Verlauf von Jonas' Infekt zu überwachen und das Abendessen für ihre Männer herzurichten.

Zehn Minuten später rief Charlys Mutter an, sie habe sich erkältet und brauche Annas Rat, welches Medikament sie am besten einnehmen solle. Bald darauf klingelte wieder das Telefon. Eine automatische Stimme gratulierte ihr, sie habe bis zu zehntausend Euro gewonnen, was genau, könne sie durch einen Rückruf unter der Nummer… Wütend beendete Anna die Verbindung und schaltete den Anrufbeantworter ein. Es dauerte nicht allzu lange, bis eine Nachbarin etwas aufsprach: Anna denke doch sicherlich an den heutigen Elternabend, und ob sie nicht miteinander zur Schule fahren könnten.

Für das Abendessen mit Charly blieb gerade noch genügend Zeit. Selbst Jonas setzte sich dazu, und Anna registrierte beruhigt, dass sein Appetit sich wieder gebessert hatte.

Charly kam auf das Projekt seiner Firma zu sprechen, an dem er seit Monaten mitarbeitete, die Entwicklung eines neuen Antidepressivums. Die daran geknüpften Hoffnungen seien riesengroß, der Markt dafür wachse enorm, und damit natürlich auch der Druck auf die Projektgruppe. Auch Jonas hörte gespannt zu.

Anders als früher bei solchen Gesprächen vermied es Anna, das Stichwort Leistungsdruck aufzugreifen und die anscheinend rein finanziell orientierte Motivation der Firma zu beklagen. Sie dachte an die Patienten. Was Depression bedeutet, war ihr gut vertraut aus den Erzählungen ihres Vaters, der bis zu seiner Pensionierung als Thera-

81

peut in der Psychiatrischen Klinik unweit ihrer Wohnung gearbeitet hatte. Manches Mal war sie Patientengruppen begegnet, die, von einer Schwester oder einem Pfleger begleitet, sich im Park vor der Klinik aufhielten, und sie ahnte dann etwas von der Schwere, die auf den Seelen der Menschen mit den starren Bewegungen und den müden Augen lasten musste. Sie kannte nicht wenige Männer und Frauen, die regelmäßig in der Apotheke wortlos und mit verschüchtertem Blick ein Rezept für Antidepressiva auf die Theke legten.

»Charly«, sagte sie diesmal, und Charly merkte, wie aufrichtig sie das meinte, »ich bewundere eure Energie, mit der ihr an dem Medikament arbeitet. Ich finde, ihr seid moderne Helden! Ich wünsche euch, dass ihr Erfolg habt!«

Erfreut blickte Charly seine Frau an. »Mensch Anna, das ist Balsam für mein Gemüt! Ja, mach mir Mut, ich kann es gut gebrauchen! Ich werd' es auch den andern weitergeben.«

»Ich muss einfach so oft an diese Dornbuschgeschichte denken, Charly.«

»Dass Gott mit dem Namen *Ich-bin-da* benannt werden will?«

»Genau. Weil er nicht von oben zusehen will, was unter uns passiert, sondern sozusagen richtig zu uns runter gekommen ist und zusammen mit uns die Befreiung aus dem ganzen Elend in Angriff nimmt. Depression ist so ein Elend, finde ich, eine der schlimmsten Plagen, die es gibt. Und du arbeitest an der Befreiung mit!«

Charly trank sein Bier aus, stützte die Ellbogen auf den Tisch, legte sein bärtiges Kinn in die Handflächen und dachte nach. »Allmählich interessiert mich diese Geschichte immer mehr.«, sagte er.

»Mich auch!«, machte sich Jonas bemerkbar. »Ich will auch befreit werden. Nämlich von unserer blöden Schwimmlehrerin!«

»Plagt sie dich so schrecklich? erkundigte sich Charly.

»Die ist viel zu streng und dabei weiß ich nie, was die eigentlich von mir will! Die mag mich einfach nur nicht.«, beklagte sich Jonas.

»Ich werde nachher beim Elternabend mit ihr reden.«, versprach Anna, »Verlass Dich drauf: Ich bin für Dich da.«

Geprägt

E-Mail verfassen

Conny, hallo!

Beim Lesen Deiner Mails staune ich über etwas immer mehr. Ich dachte zuerst, ich hätte ein privates Problem mit Gott. Ich habe dann bald gemerkt, dass ich ganz und gar nicht allein damit bin. Und nun lese ich aus dem, was du mir schreibst, immer deutlicher heraus, dass dahinter auch ein, ja, eigentlich elementares Problem der Kirche auftaucht: Wie geht die Kirche mit den biblischen Texten um? Wie bewertet sie die verschiedenen Bilder und Vorstellungen von Gott und wie tradiert sie diese? Was hat sich in den Köpfen und in den Herzen der Leute festgesetzt? Ob sich in den Kirchen wohl jemals wieder die Gewichte verschieben werden vom Bild des *Herrgotts* zurück (oder vorwärts, wie man's nimmt) zum Bild des *Ich-bin-da*?

Du fragst mich, ob ich dir dabei helfe, etwas zu dieser erhofften Wende beizutragen. So gut ich kann, klar, Conny. Ich habe eine Erfahrung mit dem Namen *Ich-bin-da* gemacht, und die teile ich gern mit dir – soweit es nur möglich ist, von meiner persönlichen Erfahrung etwas abzugeben.

Gott ist *Ich-bin-da* – dieser Gedanke lässt mich nicht los und übt eine Faszination aus auf mich, die ich mir nicht erklären kann. Ich weiß ja nach wie vor keine Antwort auf die Frage, warum Nadine mit ihren zwei Jahren sterben musste. Ich begreife nach wie vor nicht, warum die wunderbare Natur bei näherem Hinsehen soviel Grausamkeit enthält, warum es in der Welt soviel Leid und Elend und Ungerechtigkeit gibt, so viele Gefahren, warum die Menschen so schwer zu Einsichten finden, warum sie immerfort von Ängsten getrieben sind, warum sie so schlecht aus Erfahrungen lernen, warum Rattenfänger und Betrüger es so leicht haben.

Trotzdem, Conny, im Augenblick jedenfalls fällt es mir wieder leichter, an *Ich-bin-da* zu glauben! Ich stelle mir vor, Gott habe dieselbe Perspektive eingenommen wie wir, die ganze Situation gefalle ihm selbst auch nicht, er habe sich die Befreiung aller wie auch immer geplagten Menschen vorgenommen und uns zu seinen Verbündeten dabei gemacht. Das ist doch die Botschaft der Dornbusch-Geschichte, oder? Und die Israeliten waren doch ohne ihre eigene Schuld in dieses Sklaven-Elend geraten, oder?

Und in allem, was ich jetzt in mir selbst spüre an Mut, an Hoffnung, wenn es auch nur wenig ist, in jedem bisschen Kraft, versuche ich, *Ich-bin-da* zu entdecken. Alles, was ich an Gutem entdecke, an noch so kleinen Erfolgen, in mir selbst oder um mich herum, das bringe ich mit *Ich-bin-da* in Verbindung. Wenn er (oder sie, oder es) wirklich die Quelle davon ist, dann brauche ich doch, versuche ich mir immer wieder zu suggerieren, keine Angst zu haben, es sei zu wenig davon vorhanden, oder?
Ich achte jetzt mehr als vorher darauf, wo Menschen schon vorangekommen sind, und siehe da, ich entdecke viel. Dann bin ich sogar stolz auf meinen, nein, unseren *Ich-bin-da,* und sage ihm im Stillen: Das hast du prima hinbekommen! Und Charly zum Beispiel, der soviel Geduld mit mir hat, Jonas, der sich beim Lernen soviel Mühe gibt, die Leute von amnesty oder von »Ärzte ohne Grenzen« und alle Politiker, die sich ehrlich abplagen für mehr Frieden und Gerech-

tigkeit, und die Betreuerinnen in den Heimen und und… die haben doch alle gut mit dir mitgearbeitet, oder!?

An meinen vielen *oder?* merke ich gerade selbst, dass zugleich noch eine Menge Unsicherheit in mir steckt.

Ich würde solche Gedanken nicht jedem schildern, das weißt du, Conny, aber dir kann ich es schreiben. Diese ganze Vorstellung hilft mir jetzt wirklich leben. Ich bin so dankbar dafür. Und immer öfter ist es nicht mehr der freundliche ältere Herr, der als Bild für Gott dann in meiner Fantasie auftaucht, sondern eine Freundin, manchmal auch ein Kind, manchmal ein Freund (nur für dich: noch jünger und schöner als Charly!) Es ist noch nicht mal ein halbes Jahr her, dass meine »Wende« in Amsterdam geschah, aber sie hat schon einige Krisen überlebt und sieht, jedenfalls zur Zeit, einigermaßen beständig aus. Ich *will* mich eben dieser Gottesvorstellung anschließen. Diese Entschlossenheit hilft mir auch.

Zu meiner Idee von Gott gehört schon auch Allmacht, Allwissen, Ewigkeit und diese Sachen. Aber, wenn ich Gott als *Ich-bin-da* sehe, kann ich, ich weiß selbst nicht warum, akzeptieren, dass er seine (sie ihre) Allmacht nicht dafür einsetzt, alles Schlechte möglichst rasch zu beenden.

Als Super-Herr auf einem hohen Thron sitzen, allmächtig sein, und trotzdem alles laufen lassen – gegen ein solches Bild sträubt sich nach wie vor alles in mir. Aber den Thron verlassen, die eigene Allmacht (für ein Weilchen mal?) vergessen und mitkämpfen mit den Menschen – nun ja, warum sollte Gott das nicht dürfen. Im Augenblick jedenfalls muss ich nicht unbedingt wissen, was sich da »abspielt«.

Es soll mir genügen, wenn Gott mir später mal Einsicht schenkt. Das allerdings erwarte ich, und natürlich vor allem, dass ich dann Nadine wiederfinde. Meine Nadine! Ich hänge so schrecklich an ihr. O Gott, Conny, ich bekomme Herzklopfen, wenn mich die Angst überfällt, Nadines Leben könnte damals gänzlich ausgelöscht worden sein, nichts von ihr lebt mehr - - - - -

- - - - - Conny, ich konnte gestern Abend nicht mehr weiterschreiben. Richtige Angst hatte mich überfallen. Ich fror von innen heraus. Gott sei Dank war Charly zu Hause. Er hat mich aufgefangen und getröstet, das heißt, bald mussten wir uns gegenseitig auffangen, denn er hängt genauso an Nadine wie ich. Ich fand es rührend, wie er mir immerfort versicherte: Wir werden Nadine wiedersehen, ganz bestimmt! Wo ich doch weiß, dass er dem Glauben an eine Auferstehung immer sehr distanziert gegenübersteht.
Ich schicke die Mail jetzt ab, schreibe aber bald noch mehr. Machs gut, grüße Günter und Nora und Lotta!
Deine Anna.

E-Mail senden

Hallo Conny,
ich habe mich wieder einigermaßen beruhigt.
Siehst du, ich dachte nach meiner Angstattacke, *Ich-bin-da* hat Charly Kraft gegeben, und der konnte mir helfen. Gleichzeitig frage ich: Was ist dann aber mit den Menschen, die ganz verzweifelt sind und keinen Charly haben, der sie in den Arm nimmt? Die dann zu Tabletten, zum Alkohol oder noch Schlimmerem greifen?

Ich weiß, viele Menschen versuchen, für andere ein Charly zu sein, ein Tröster und Mutmacher. Du ja auch bei deinen vielen Krankenbesuchen. Alle von der Telefonseelsorge, alle Therapeuten, das Personal in den Kliniken, sogar die Ratgeber in den Wochenblättchen. Manchmal auch eine Apothekerin an der Ladentheke… Manchmal Nachbarn, Freunde. *Ich-bin-da* hat, wenn ich es so sehe, schon viele Helferinnen und Helfer gefunden.

Aber gut. Ich möchte wieder auf deine Mail zurückkommen, auf die sechstausendachthundert Ersatz-*Herren* im Bibeltext, auf das Phänomen, dass der Name *Ich-bin-da* einfach zugeschüttet wurde in der Bibel.
Etwas salopp registriere ich erstmal: *Ich-bin-da* hat nicht verhindert, dass sein Name völlig unter die Räder kam. Wenn Gott auch für sich selbst seine Allmacht nicht einsetzt, ist das eigentlich nur fair, wenn ich auch genauso wenig wie vieles andere begreife, warum er nicht durchsetzt, was ihm doch der Bibel zufolge so wichtig ist. Vielleicht wartet er nun schon zweitausend Jahre und länger, ob wir nicht endlich mal raffen, wer er ist und wie er sich verhalten will, und wo es lang gehen soll. Göttliche Geduld??

Conny, könntest du ein paar Beispiele zusammenstellen, an denen man konkret ablesen kann, wie die biblischen Texte sich anhören, wenn der Name Gottes wirklich übersetzt wird und nicht durch *Herr* ersetzt? Das wäre sicher interessant.

Und, ach ja, das wollte ich dir noch erzählen. Ich habe jetzt in unserm Wohnzimmer eine Ikone aufgehängt, etwa briefblattgroß, Alexios hat sie mir geschenkt. Es ist die gleiche Szene wie die auf der Ikone, die er selbst an seinem Arbeitstisch aufgestellt hat; er nennt sie »Entschlafung Mariens« Er meinte, er habe gemerkt, dass ich die Ikone mag. Ich hätte ihn natürlich doch sehr zum Nachdenken angeregt mit meinen Fragen, sagt er, aber im Hinblick auf Glaubensdinge sei er kritische Überlegungen noch nicht gewohnt. Ob ich denn daran zweifle, dass Christus der *Pantokrator* sei, der Allesbeherrscher, wie er in unzähligen Kirchen in seiner Heimat gemalt und in deren Hauptkuppeln in Mosaiken gelegt sei?

Dies sei mir nun wieder ganz unbekannt, sagte ich. Doch, meinte Alexios, er habe gelernt, seit dessen Auferstehung und Himmelfahrt liege die ganze Welt Christus zu Füßen.

Ich murmelte so etwas wie: das könnte ich mir nun überhaupt nicht vorstellen. Dann kamen wieder Kunden in die Apotheke, und ich versprach ihm, dass ich mich später mit ihm darüber unterhalten würde.

Deswegen will ich dich fragen, Conny: Ist das, was Alexios gelernt hat, wirklich kirchliche Lehre? Wenn ja, frage ich mich: Was um Himmels willen macht Jesus Christus mit der Welt zu seinen Füßen? Ich will mir ein paar bissige Fragen verkneifen, aber sag doch mal, sollte Jesus wirklich Freude am *Herrschen* haben? Will er lauter *Untertanen* befehligen, die zu seinen Füßen liegen?

Allerdings, da muss ich an das Glaubensbekenntnis denken, das wir auswendig gelernt haben. Da heisst es doch: »..und an Jesus Christus, seinen eingeborenen Sohn, unsern *Herrn* (!)... aufgefahren in den Himmel, er sitzet zur Rechten Gottes, des allmächtigen Vaters, von dort wird er kommen zu richten die Lebenden und die Toten...«

Also doch, demnach herrscht er, soll ich glauben, zusammen mit dem bereits auf dem Thron sitzenden allmächtigen Vater, er wird wiederkommen (also ist er nicht hier), um Gericht zu halten.

Conny, nun bin ich schon wieder total durcheinander. Ist das noch mein Glaubensbekenntnis? Nein, mit meiner Vorstellung vom *Ich-*

bin-da kann ich das nicht vereinbaren. Stehe ich hier vor einem Entweder-Oder? Entweder Christin oder *Ich-bin-da* – Anhängerin? Das kann doch nicht wahr sein.

Siehst du, das ist vielleicht der Grund, warum ich es nicht schaffe, Gottesdienste zu besuchen. Ja, das spüre ich, es ist genau das: Ich fürchte, dass ich dann ein Gottesbild vorgesetzt bekomme und bekennen soll, das mir fremd geworden ist. Ich kann es mit *Ich-bin-da* nicht mehr zusammenbringen!

Oder sehe ich das alles nicht richtig? Wenn ich zum Beispiel an meinen Kommunion-Unterricht zurückdenke - Jesus kommt in dein Herz, wurde mir als Kind versichert, er vereinigt sich mit dir, all die schönen Geschichten, er bleibt immer bei dir, er hat dich lieb – das hat doch schon damals nicht zum Herrschen und zu-Füßen-Liegen gepaßt! Da soll sich jemand noch zurechtfinden…

Machs gut, Conny, Deine Anna

(E-Mail senden)

Hallo Anna,

deine Anregung habe ich aufgegriffen! Im Anhang dieser Mail schicke ich dir einige Textbeispiele mit, bei denen ich statt des Ersatz-*Herren* den biblischen Gottesnamen eingesetzt habe. Auf mich üben die Texte dadurch eine neue Faszination aus. Zuerst habe ich mich gefragt: Ob ich mich wohl an den Namen *Ich-bin-da* gewöhnen könnte? Doch dann meldete sich ein Impuls: Gewöhne dich bewusst *nicht* daran! Lass dem Namen seine Ungewohntheit, seine Ungewöhnlichkeit. Nimm ihn jedes Mal neu als Herausforderung an! Wie wirken die Texte auf Dich?

Du willst gern Näheres wissen, welches die kirchliche Lehre über Jesus ist, weil Dir widersprüchliche Texte dazu einfallen. Ich habe lange darüber gegrübelt, wie ich darauf antworten könnte.

Seit jeher glaubten die Christen, dass Jesus von den Toten auferstanden sei, und betrachteten Jesus schließlich als *Gott.* Sie sprachen von der Zweiten Person einer Göttlichen Dreifaltigkeit. Doch wenn Menschen versuchen, lehrmäßig über Gott zu reden, entsteht sofort das große Problem, dass sie etwas darlegen wollen, für das sie weder ausreichende Erkenntnis noch angemessene Worte besitzen. Dieses Problem ist kirchlicherseits schon früh benannt worden: *Alles,* was wir im Hinblick auf Gott mit menschlichen Worten sagen, ist »mehr unähnlich als ähnlich« (so wurde es auf einem Konzil formuliert). Das soll heißen: Wenn Menschen über Gott sprechen wollen, ist der Anteil, der dabei verschleiert bleibt, immer größer als der Anteil, der vielleicht eine gewisse Ahnung vermitteln kann.

Doch vergaß man diesen Grundsatz oft und vergisst ihn auch heute gern. Anstatt zu bedenken, dass Lehr-Formulierungen über Gott und über Jesus als »Gottes Sohn« immer nur Ahnungen andeuten können und deswegen eine große Zurückhaltung und Bescheidenheit im Anspruch, »Recht zu haben«, verlangen, gab es von Anfang an wilde und erbittert ausgetragene Kämpfe um die »rechte Lehre«.

Die meisten (jedenfalls die einflussreichsten) Christen einigten sich schließlich auf Formulierungen, wie du sie aus dem Glaubensbekenntnis zitiert hast. Die Bilder: »aufgefahren in den Himmel« und »sitzet zur Rechten Gottes« wollen jedoch nichts anderes andeuten als die Überzeugung: »Jesus ist wirklich Gott, und nach der Phase seines Lebens unter irdischen Bedingungen lebt er in ganz inniger Einheit mit Gott.« Es sind Bilder für etwas, wofür es keine wirklich passenden Worte gibt.

Es geht ja nicht darum, was richtig und was falsch ist, sondern darum, welche menschlichen Worte und Bilder etwas näher an das Geheimnis, das Gott ist, heranreichen. Wonach kann man das beurteilen? Vielleicht danach, welche Gedanken beim Gelingen des menschlichen Lebens und Zusammenlebens besser helfen.

Ich muss zugeben: Die Formulierungen des Glaubensbekenntnisses finde ich, jedenfalls für uns heutige Menschen, nicht sehr hilfreich. Sie sind uns zu fremd geworden. Ja, ich empfinde sie auch oft als eine Last. Aus sich selbst heraus erreichen sie die meisten Menschen sicherlich nicht so, wie es einmal gedacht war. Auch für dich erweisen sie sich nicht als heilsam, sondern streuen eher noch Salz in deine Wunden.

Ich bin da ziemlich ratlos. Man kann ja ein über viele Jahrhunderte verwendetes Glaubensbekenntnis nicht einfach verschwinden lassen. Aber das ständige Auslegen und Erklären und Zurechtrücken ist so schwer. Und das betrifft nicht nur das Glaubensbekenntnis. Bibeltexte, Gebete, Lieder – ständig müsste man erklären, deuten, vor Missverständnissen warnen. Und viele haben schon abgewinkt und bleiben einfach weg aus den Gottesdiensten und dem kirchlichen Leben überhaupt. Pfarrersorgen!

Vergiss nicht, Anna, die Anlage zu öffnen.

Für heute sage ich Adé – deine Conny

E-Mail senden

Chiffrierte Übersetzungen

—

Originalgetreue Übersetzungen

Der Aaronitische Segen *(4. Mose / Numeri 6, 22–27 / Lutherübersetzung)*

Und der HERR redete mit Mose und sprach: Sage Aaron und seinen Söhnen und sprich: So sollt ihr sagen zu den Israeliten, wenn ihr sie segnet:
Der HERR segne dich und behüte dich.
Der HERR lasse sein Angesicht leuchten über dir und sei dir gnädig.
Der HERR hebe sein Angesicht auf dich und gebe dir Frieden.
Denn ihr sollt meinen Namen auf die Israeliten legen, dass ich sie segne.

—

Und *Ich-bin-da* redete mit Mose und sprach: Sage Aaron und seinen Söhnen und sprich: So sollt ihr sagen zu den Israeliten, wenn ihr sie segnet:
Ich-bin-da segne dich und behüte dich.
Ich-bin-da lasse sein Angesicht leuchten über dir und sei dir gnädig.
Ich-bin-da hebe sein Angesicht auf dich und gebe dir Frieden.
Denn ihr sollt meinen Namen auf die Israeliten legen, dass ich sie segne.

Psalm 5, 12b.13 *(Lutherübersetzung)*

Fröhlich laß sein in dir, die *deinen Namen lieben*!
Denn du, *Herr*, segnest die Gerechten,
du deckest sie mit Gnade wie mit einem Schilde.

—

Fröhlich laß sein in dir, die *deinen Namen lieben*!
Denn du, *Ich-bin-da*, segnest die Gerechten,
du deckest sie mit Gnade wie mit einem Schilde.

Psalm 20, 1.8 *(Einheitsübersetzung)*

Der Herr erhöre dich am Tage der Not,
Der Name von Jakobs Gott möge dich schützen.
Die einen sind stark durch Wagen,
die andern durch Rosse,
wir aber sind *stark*
im Namen der Herrn, unsres Gottes.

—

Ich-bin-da erhöre dich am Tage der Not,
Der Name von Jakobs Gott möge dich schützen.
Die einen sind stark durch Wagen,
die andern durch Rosse,
wir aber sind *stark*
im Namen des Ich-bin-da, unseres Gottes.

Psalm 22, 20.23 *(Lutherübersetzung)*

Aber du, HERR, sei nicht ferne,
meine Stärke, eile mir zu helfen!
Ich will deinen Namen kundtun meinen Brüdern,
ich will dich in der Gemeinde rühmen.
—

Aber du, *Ich-bin-da,* sei nicht ferne,
meine Stärke, eile mir zu helfen!
Ich will deinen Namen kundtun meinen Brüdern,
ich will dich in der Gemeinde rühmen.

Psalm 27, 1 *(Lutherübersetzung)*

Der HERR ist mein Licht und mein Heil;
vor wem sollte ich mich fürchten?
Der HERR ist meines Lebens Kraft;
vor wem sollte mir grauen?
—

Ich-bin-da ist mein Licht und mein Heil;
vor wem sollte ich mich fürchten?
Ich-bin-da ist meines Lebens Kraft;
vor wem sollte mir grauen?

Ps. 25, 11–14 *(Gute Nachricht Bibel)*

Dein Name, HERR, bürgt für deine Liebe;
darum vergib mir meine Schuld – sie ist so groß!
Wie steht es mit den Menschen,
die den HERRN ernst nehmen?
Der HERR zeigt ihnen den Weg,
den sie gehen sollen.
Sie leben in Glück und Frieden,
und ihren Kindern wird das Land gehören.
Alle, die den HERRN ernst nehmen,
zieht er ins Vertrauen
und enthüllt ihnen das Geheimnis seines Bundes.
—

Dein Name, *Ich-bin-da*, bürgt für deine Liebe;
darum vergib mir meine Schuld – sie ist so groß!
Wie steht es mit den Menschen,
die *Ich-bin-da* ernst nehmen?
Ich-bin-da zeigt ihnen den Weg,
den sie gehen sollen.
Sie leben in Glück und Frieden,
und ihren Kindern wird das Land gehören.
Alle, die *Ich-bin-da* ernst nehmen,
zieht er ins Vertrauen
und enthüllt ihnen das Geheimnis seines Bundes.

Psalm 31, 4.6 *(Lutherübersetzung)*

Denn du bist mein Fels und meine Burg,
und *um deines Namens willen*
wollest du mich leiten und führen.
In deine Hände befehle ich meinen Geist;
du hast mich erlöst, HERR, du treuer Gott.
—

Denn du bist mein Fels und meine Burg,
und *um deines Namens willen*
wollest du mich leiten und führen.
In deine Hände befehle ich meinen Geist;
du hast mich erlöst, *Ich-bin-da*, du treuer Gott.

Ps. 33, 20f *(Einheitsübersetzung)*

Unsre Seele hofft auf den Herrn,
er ist für uns Schutz und Hilfe.
Ja, an ihm freut sich unser Herz,
wir vertrauen auf seinen heiligen Namen.
—

Unsre Seele hofft auf *Ich-bin-da*,
er ist für uns Schutz und Hilfe.
Ja, an ihm freut sich unser Herz,
wir vertrauen auf seinen heiligen Namen.

Psalm 91, 8.14–16 *(Einheitsübersetzung)*

Denn der Herr ist deine Zuflucht,
du hast dir den Höchsten als Schutz erwählt.
»Weil er an mir hängt, will ich ihn retten,
ich will ihn schützen, *denn er kennt meinen Namen.*
Wenn er mich anruft, dann will ich ihn erhören.
Ich bin bei ihm in der Not,
ich befreie ihn und bringe ihn zu Ehren.
Ich sättige ihn mit langem Leben
und lasse ihn schauen mein Heil.

—

Denn *Ich-bin-da* ist deine Zuflucht,
du hast dir den Höchsten als Schutz erwählt.
»Weil er an mir hängt, will ich ihn retten,
ich will ihn schützen, *denn er kennt meinen Namen.*
Wenn er mich anruft, dann will ich ihn erhören.
Ich bin bei ihm in der Not,
ich befreie ihn und bringe ihn zu Ehren.
Ich sättige ihn mit langem Leben
und lasse ihn schauen mein Heil.

Psalm 146, 6b – 9 *(Gute Nachricht Bibel)*

Glücklich, wer seine Hoffnung auf den HERRN setzt!
Seine Treue hat kein Ende.
Er steht zu seinem Wort.
Den Unterdrückten verschafft er Recht,
den Hungernden gibt er zu essen.
Der HERR macht die Gefangenen frei,
Der HERR macht die Blinden sehend.
Der HERR richtet die Verzweifelten auf.
Der HERR beschützt die Gäste und Fremden im Land und
sorgt für die Witwen und Waisen.
Der HERR liebt alle, die ihm die Treue halten,
aber die Pläne der Treulosen vereitelt er.

—

Glücklich, wer seine Hoffnung auf *Ich-bin-da* setzt!
Seine Treue hat kein Ende.
Er steht zu seinem Wort.
Den Unterdrückten verschafft er Recht,
den Hungernden gibt er zu essen.
Ich-bin-da macht die Gefangenen frei,
Ich-bin-da macht die Blinden sehend.
Ich-bin-da richtet die Verzweifelten auf.
Ich-bin-da beschützt die Gäste und Fremden im Land und
sorgt für die Witwen und Waisen.
Ich-bin-da liebt alle, die ihm die Treue halten,
aber die Pläne der Treulosen vereitelt er.

Jesaja 7, 14 *(Lutherüberstzung)*

Der HERR selbst wird euch ein Zeichen geben: Siehe, eine
junge Frau ist schwanger und wird einen Sohn gebären, den
wird sie nennen: Immanuel (das heißt: Gott mit uns).

—

Ich-bin-da selbst wird euch ein Zeichen geben: Siehe,
eine junge Frau ist schwanger und wird einen Sohn gebären,
den wird sie nennen: Immanuel (das heißt: Gott mit uns).

Jesaja 40, 31 *(Einheitsübersetzung)*

Die aber, die auf den Herrn vertrauen, schöpfen neue Kraft, sie
bekommen Flügel wie Adler.

—

Die aber, die auf *Ich-bin-da* vertrauen, schöpfen neue Kraft, sie
bekommen Flügel wie Adler.

Jesaja 61, 1f.10 *(Einheitsübersetzung)*

Der Geist des Herrn ruht auf mir, denn der Herr hat mich gesalbt.
Er hat mich gesandt, damit ich den Armen eine frohe Botschaft bringe und alle heile, deren Herz zerbrochen ist, damit ich den Gefangenen die Entlassung verkünde und den Gefesselten die Befreiung, damit ich ein Gnadenjahr des Herrn ausrufe, einen Tag der Vergeltung unseres Gottes, damit ich alle Trauernden tröste.
Von Herzen will ich mich freuen über den Herrn. Meine Seele soll jubeln über meinen Gott. Denn er kleidet mich in Gewänder des Heils, er hüllt mich in den Mantel der Gerechtigkeit.
—

Der Geist des *Ich-bin-da* ruht auf mir, denn *Ich-bin-da* hat mich gesalbt.
Er hat mich gesandt, damit ich den Armen eine frohe Botschaft bringe und alle heile, deren Herz zerbrochen ist, damit ich den Gefangenen die Entlassung verkünde und den Gefesselten die Befreiung, damit ich ein Gnadenjahr des *Ich-bin-da* ausrufe, einen Tag der Vergeltung unseres Gottes, damit ich alle Trauernden tröste.
Von Herzen will ich mich freuen über *Ich-bin-da*. Meine Seele soll jubeln über meinen Gott. Denn er kleidet mich in Gewänder des Heils, er hüllt mich in den Mantel der Gerechtigkeit.

Jesaja 54, 1.5b–8.10 *(Gute Nachricht Bibel)*

Der heilige Gott Israels ist dein Befreier, der Gott, dem die
ganze Erde gehört!
Jerusalem, du bist wie eine Frau, die von ihrem Mann verlassen
wurde und tief bekümmert ist; aber jetzt ruft er dich zurück.
Kann denn jemand seine Jugendliebe verstoßen? sagt der
HERR.
Für eine kleine Weile habe ich dich verlassen, aber weil ich
dich von Herzen liebe, hole ich dich wieder heim. Als der Zorn
in mir aufstieg, habe ich mich für einen Augenblick von dir
abgewandt. Aber nun will ich dir für immer gut sein. Das sage
ich, der HERR, der dich befreit.

—

Der heilige Gott Israels ist dein Befreier, der Gott, dem die
ganze Erde gehört!
Jerusalem, du bist wie eine Frau, die von ihrem Mann verlassen
wurde und tief bekümmert ist; aber jetzt ruft er dich zurück.
Kann denn jemand seine Jugendliebe verstoßen? sagt *Ich-bin-
da*.
Für eine kleine Weile habe ich dich verlassen, aber weil ich
dich von Herzen liebe, hole ich dich wieder heim. Als der Zorn
in mir aufstieg, habe ich mich für einen Augenblick von dir
abgewandt. Aber nun will ich dir für immer gut sein. Das sage
ich, *Ich-bin-da*, der dich befreit.

Jeremia 17, 7 *(Lutherübersetzung)*

Gesegnet aber ist der Mann, der sich auf den HERRN verläßt
und dessen Zuversicht der HERR ist.
Der ist wie ein Baum, am Wasser gepflanzt,
der seine Wurzeln zum Bach hin streckt.

—

Gesegnet aber ist der Mann, der sich auf *Ich-bin-da* verläßt und
dessen Zuversicht *Ich-bin-da* ist.
Der ist wie ein Baum, am Wasser gepflanzt,
der seine Wurzeln zum Bach hin streckt.

Micha 6, 8 *(Gute Nachricht Bibel / Einheitsübersetzung)*

Der HERR hat dich wissen lassen, Mensch, was gut ist und
was er von dir erwartet:
Halte dich an das Recht, liebe Güte und Treue und gehe in
Ehrfurcht *den Weg mit deinem Gott!*

—

Ich-bin-da hat dich wissen lassen, Mensch, was gut ist und was
er von dir erwartet:
Halte dich an das Recht, liebe Güte und Treue und gehe in
Ehrfurcht *den Weg mit deinem Gott!*

Jeremia 31, 33f *(Lutherübersetzung)*

Das soll der Bund sein, den ich mit dem Hause Israel schließen will nach dieser Zeit, spricht der HERR: Ich will mein Gesetz in ihr Herz geben und in ihren Sinn schreiben, und sie sollen mein Volk sein, und ich will ihr Gott sein.
Und es wird keiner den andern noch ein Bruder den andern lehren und sagen: »Erkenne den HERRN!«, sondern sie sollen mich alle erkennen, beide, klein und groß, spricht der HERR, denn ich will ihnen ihre Missetat vergeben und ihrer Sünde nimmermehr gedenken.

—

Das soll der Bund sein, den ich mit dem Hause Israel schließen will nach dieser Zeit, spricht *Ich-bin-da*: Ich will mein Gesetz in ihr Herz geben und in ihren Sinn schreiben, und sie sollen mein Volk sein, und ich will ihr Gott sein.
Und es wird keiner den andern noch ein Bruder den andern lehren und sagen: »Erkenne *Ich-bin-da*!«, sondern sie sollen mich alle erkennen, beide, klein und groß, spricht *Ich-bin-da*; denn ich will ihnen ihre Missetat vergeben und ihrer Sünde nimmermehr gedenken.

Ezechiel 37, 11–14 *(Einheitsübersetzung / Gute Nachricht Bibel)*

Da sprach der HERR zu mir: Du Mensch, diese Totengebeine sind das Volk Israel. Du hörst doch, wie sie sagen: »Unsere Gebeine sind vertrocknet, unsre Hoffnung ist dahin, wir haben keine Zukunft mehr!‹ Darum rede als Prophet zu ihnen und sage:
So spricht der HERR, der mächtige Gott: Gebt acht, ich öffne eure Gräber und hole euch, mein Volk, heraus, ich führe euch heim ins Land Israel.

—

Da sprach *Ich-bin-da* zu mir: Du Mensch, diese Totengebeine sind das Volk Israel. Du hörst doch, wie sie sagen: »Unsere Gebeine sind vertrocknet, unsre Hoffnung ist dahin, wir haben keine Zukunft mehr!‹ Darum rede als Prophet zu ihnen und sage:
So spricht *Ich-bin-da*, der mächtige Gott: Gebt acht, ich öffne eure Gräber und hole euch, mein Volk, heraus, ich führe euch heim ins Land Israel.

Liebe Conny,

danke, dass du dir solche Mühe machst, um auf meine Fragen einzugehen! Ich werde also mal versuchen, bei Bildern wie »oben« oder
»im Himmel« oder »auf dem Thron« kein Gefühl der Distanz aufkom-
men zu lassen, sondern an Erhabenheit zu denken, an das Gott-
Sein ganz allgemein. Aber ich finde es schwierig.

Deine Skepsis, ob es wirklich hilfreich sei, von Gott in dieser
Sprechweise früherer Jahrhunderte auch heutzutage munter weiter zu reden, kann ich nur teilen. Ich gehöre ganz sicher zu den
Leuten, die sich gegen die monarchische Atmosphäre dieser Bilder
(sie prägen ja auch stark die kirchliche Kunst) nicht wirklich weh-
ren können. Sie üben auf das Denken eine magische Kraft aus, sie
drängen das Denken in die Richtung: Gott ist *außerhalb, weit weg.*
Wenn alle normalerweise von *Ich-bin-da* sprechen würden und nur
hin wieder vom *Herrn, der im Himmel thront,* hätten sich vermutlich
ganz andere Sprachgewohnheiten und Kunstbilder und Symbole
entwickelt.

Ich möchte mich vor allem für deine Bibeltext-Beispiele bedanken,
in denen du dem Namen *Ich-bin-da* seinen ursprünglichen Platz zu-
rückgegeben hast. Denn das finde ich, genau wie du, faszinierend,
wie diese Texte auf einmal auf mich wirken. Gleich der erste zum
Beispiel, der Aaronitische Segen. Sein Schlußsatz, ganz neu für
mich, heißt: »Denn ihr sollt meinen Namen auf die Israeliten legen.«.
Wenn man beim Segnen immer *Herr* sagt, legt man ja gar nicht den
Namen Gottes, sondern sozusagen eine Fälschung auf die Leute!
Tut man das aber mit dem echten biblischen Namen Gottes, »*Ich-*

bin-da segne dich und behüte dich.« – geht dieser Segen ganz anders unter die Haut.

Oder dann im Psalm 5: »Fröhlich lass sein in dir, die deinen Namen lieben.« Wenn es dann weitergeht mit *Herr,* als ob das Gottes Name sei, kann man ja gar nicht sein Herz für den Namen *Ich-bin-da* öffnen, geschweige denn, ihn lieben!

Im Psalm 20 sind wir »Stark im Namen des *Ich-bin-da«* – das ergreift mich ganz anders als »stark im Namen des *Herrn«.* Da bringe ich das Starke in mir wirklich mit dem Gott *Ich-bin-da* in Verbindung. Fast bei jedem Textbeispiel überrascht mich die intensive Wirkung der Worte. Psalm 27: »*Ich-bin-da* ist meines Lebens Kraft – vor wem sollte mir grauen?« Conny, dann suche ich diese göttliche Kraft, die mir hilft, durchzuhalten und weiter zu kommen, und die *Ich-bin-da* heißt, ganz nah bei mir, auch in mir drin.

Ich glaube, Conny, der Name *Ich-bin-da* ist mir durch das viele Nachdenken (und die stillen Dialoge mit ihm) schon richtig vertraut. Er ist mit dem Bild eines Freundes, mit dem ich unterwegs bin, gefüllt, wie ein Glas mit Wein gefüllt ist, und auch wenn ich wenig oder nichts spüren kann, *möchte* ich doch, dass diesem Bild eine Realität entspricht. Mich »gewöhnen« an *Ich-bin-da* in dem Sinn, dass ich mir bei diesem Namen nichts Besonderes mehr denke, das kann ich mir gar nicht vorstellen.

Was ist das für eine bewegende Bitte: »um deines Namens willen wollest du mich leiten und führen« (dein Beispieltext aus dem Psalm 31), wenn ich weiß, dass dieser Name *Ich-bin-da* heißt! Dann kann ich sie beschwören, die Freundin an meiner Seite, die mit mir geht. Ja, *beschwören* ist überhaupt ein treffendes Wort, wird mir gerade klar. *Beschwören,* das passt auch, wenn ich im Text von Jesaja 40 lese: »Die auf *Ich-bin-da* vertrauen, schöpfen neue Kraft, sie bekommen Flügel wie Adler!«

Vielleicht, denke ich, kommt überhaupt viel auf dieses *Beschwören* an. Ich möchte unbedingt, dass die Kraft des *Ich-bin-da* wirklich greifbar um mich herum, sogar in mir drin, vorhanden ist. Wenn ich mir zu *Ich-bin-da* einen Freund oder eine Freundin als Verkörperung vorstelle, dann möchte ich sie (jedenfalls wenn ich mich allein fürchte oder mutlos fühle) sozusagen beschwören oder überreden: Komm, gib mir deine Hand, halt mich fest, dann schaff' ich's. Du willst doch auf dem ganzen schwierigen Weg dabei sein! Oder ich denke, wenn es mir gut geht: Freu dich mit mir! Genieße den Weg und alle Schönheiten unterwegs mit mir!

Wenn ich mir aber immer nur einen *Herrn* vorstellen müsste, würde ein solches Bild von Freunden, Freundinnen gemeinsam unterwegs nicht naheliegen. Ein *Herr* ist vornehm, reich, erhaben. Er führt ein anderes Leben als seine Untertanen oder Angestellten. Von einem solchen *Herrn* erhielte man bestenfalls vielleicht eine *Gunst* oder ein paar ermutigende oder mahnende Worte, er wäre eben *Gebieter*, aber nicht Freund, und ich wäre *Dienerin*, nicht Freundin. Ich glaube, *der Herr* ist ein hinderliches Wort für Gott.

Conny, ich denke oft an Dich, auch an »Deine« Kranken. Trotz ihrer Krankheit haben sie Glück, weil gerade Du ihre Krankenhauspfarrerin bist! Grüße Günter und die Kinder,
Deine Anna

E-Mail senden

Ich

Am Abend des ersten Adventssonntags saß Anna im Wohnzimmer vor ihrem Laptop und mailte an Conny. Charly kam herein und sah ihr über die Schultern.

»He, sei nicht so neugierig!«

»Grüsse Conny von mir! Geht's wieder um *Ich-bin-da*?«

»Du bist doch nicht etwa eifersüchtig, weil ich so viel an *Ich-bin-da* denke?«

»Muss direkt mal in mich hineinhorchen!« meinte Charly. »Eifersüchtig auf Gott! Interessante Idee.« Er setzte sich neben Anna und legte seinen Arm um sie. »Du, ehrlich, mir geht dieser *Ich-bin-da* auch manchmal durch den Kopf. Ich mache mir so meine Gedanken.«

Anna schob ihren Laptop zur Seite. »Jetzt bin ich gespannt!«

Charly nahm seine Beine hoch auf das Sofa, drehte sich und schob seinen Rücken gegen die Seitenlehne. Anna tat das Gleiche ihm gegenüber, ihre Füße verschachtelten sich. Sie liebten diese Position bei Gesprächen intensiverer Art.

»Ein Name für Gott mit *Ich*! Das fasziniert mich. Anna, unser eigenes Ich ist doch kein einheitliches Ganzes, oder? Der alte Goethe läßt den Faust seufzen: ›Zwei Seelen hab' ich, ach, in meiner Brust.‹«

»Weil wir eben oft hin und her gerissen sind.«

»Klar, das spürt jeder. Zwei Seelen, also zwei Ichs sind in mir. Und wenn nun eines dieser beiden das Ich von Gott wäre, als *Ich-bin-da*? Wenn ich es wie eine Kraftquelle in mir betrachten würde? Deine Geschichte, also ich meine, diese biblische Geschichte davon, dass Gott namens *Ich-bin-da* die Befreiung der Menschen in Not will, gäbe ja ein Kriterium dafür an die Hand, woran man das Ich Gottes erkennt: Man erkennt es nämlich an allen Impulsen, die man in Richtung Befreiung spürt. Zum Beispiel: Raus aus der Angst, raus aus der Krankheit, raus aus der Verengung auf das eigene kleine Leben, raus aus der Apathie, raus aus Hunger, aus Fanatismus, aus Zerstörungswut und Krieg und so weiter.«

Charly redete sich in Fahrt, man merkte, wie intensiv er schon nachgedacht hatte. »Diese vielen Impulse sind von Anfang an in dir drin, verstehst du, sie sind Bestandteile deines Ichs und meines Ichs, des Ichs von jedem Menschen. Das Ich Gottes und das Ich des Menschen müssen ja nicht nebeneinander getrennt existieren, sie könnten doch miteinander vermischt sein, wie Wasser und Kohlensäure zum Beispiel. Oder wie Kaffe und Milch – sozusagen untrennbar vermischt. Und wenn du nun zum Beispiel sagst: *Ich-bin-da,* hilf mir, dann sagst du das auch in die Richtung deines eigenen Ichs, das aus zwei vermischten Substanzen besteht, und gibst dir selber einen Stoß! Verstehst du, was ich meine?«

»Ich denke, schon. Und ich bin total überrascht, dass du dir solche Gedanken gemacht hast!«

»Ja, ich habe eine Frau,«, sagte Charly und lachte, »die mich in letzter Zeit mehrmals dazu angeregt hat. Freut mich, dass ich sie damit überraschen kann!«

»Ich liebe dich dafür, dass du ernst nimmst, was mich so bewegt in letzter Zeit. Du inspirierst mich! Mir fällt nämlich jetzt gerade ein Bild wieder ein, das mich als Kind sehr beeindruckt hat, vielleicht dich auch. Ich meine das Bild von Pfingsten. Über allen Köpfen züngelt eine Flamme, also, alle bekommen Geist von Gott. Bei meiner Firmung und bestimmt auch bei deiner Konfirmation war davon die Rede.«

»Könnte sein«, meinte Charly, »aber erinnern kann ich mich nicht.«

»Das bedeutete jedenfalls, Göttlicher Geist lebt in dir und beeinflusst dich von innen heraus«, fuhr Anna fort. »Und noch etwas fällt mir jetzt ein, du legst es frei mit deinen Gedanken: Auf einem Einkehrtag, ich glaube, ich war damals achtzehn, habe ich von christlichen Mystikern gehört, Männern und Frauen. Ein gemeinsames Merkmal von ihnen war, dass sie Gott im innersten Kern der eigenen Seele suchten und manchmal ein Einssein mit Gott richtig erlebten.«

Sie schwiegen eine Weile.

»Anna«, fing Charly noch einmal an, »wenn dir solche Gedanken vom Wirken des *Ich-bin-da* im Grunde eigentlich früher schon vertraut waren, warum musstest du dich dann so sehr mit dem Bild eines allmächtigen Gottes plagen, der von außen, von weit oben sozusagen, unbegreiflich regiert und mit Leid und mit Plagen nicht spart?«

»Gute Frage, Charly« Anna überlegte. »Ich glaube, es hängt mit meiner Fixierung zusammen. Von Conny weiß ich inzwischen, dass in der Bibel unterschiedliche Vorstellungen von Gott nebeneinander stehen, und dass in den Kirchen das Bild von Gott, dem *Herrn,* eigentlich zu unrecht die größte Aufmerksamkeit erhielt. Es hat in der offiziellen Kirchensprache, also bei Gebeten, Liedern und so weiter den ersten Platz erobert. Als normales Gemeindemitglied bist du dieser Atmosphäre ausgeliefert, und allmählich wird dein Gottesbild auf die Variante *Herrgott, Herrscher, König* fixiert.«

»Und das Bild hat sich so in den Vordergrund geschoben, dass alles andere davon verdrängt wurde? Anna, du bist früher zu viel in die Kirche gegangen!«

»Spotte nicht, Charly. Übrigens fehlen mir die Gottesdienste, wirklich. Ich kann dir prophezeien, bald werde ich mal einen Versuch wagen. Ich glaube, ich kann jetzt den *allmächtigen Herrn* auch mal gelassen überhören und auf die andern Bilder von Gott achten, die ja wohl hoffentlich nicht völlig fehlen werden.«

»Ich bin jetzt schon gespannt, was du erleben wirst.«

»Ja, wenn ich es mir wünschen dürfte... Ich erwarte eigentlich, oder erhoffe – ...«

»Was denn?« wollte Charly wissen.

»Ja, was erhoffe ich eigentlich von einem Gottesdienst?« fragte sich Anna. »Ich möchte feiern, dass es mehr gibt, als meine Augen sehen und meine Hände ertasten können. Ich möchte mit den andern zusammen den Glauben daran beschwören, dass *Ich-bin-da* wie ein Freund mit uns mit lebt, dass es ihm um unsere Befreiung geht, dass er den Weg aus unserer schwierigen Lage heraus sucht und uns in die Richtung eines Gelobten Landes führt. Ich möchte mein Vertrauen am Vertrauen der anderen stärken. Ich möchte den Glauben daran beschwören, dass die Gestorbenen schon in dem Land leben, das für uns noch Zukunft ist, und sich auf das Wiedersehen mit uns freuen »

»Anna, manchmal gelingt es mir in letzter Zeit, daran zu glauben, dass Nadine irgendwie lebt. Dann kämen wir ja sozusagen eines Tages zu ihr, und sie könnte uns empfangen!« Charly beugte sich vor und legte seine Hände auf Annas Füße.

Anna strahlte. »O Charly«, beteuerte sie, »zusammen mit dir daran zu glauben ist viel schöner, als wenn ich mich allein an diese Hoffnung klammern muß, und es macht auch viel zuversichtlicher!«

Beide überließen sich ein Weilchen ihren Gedanken, es lag fast so etwas wie Vorfreude in der Luft.

»Und wenn in einem Gottesdienst ganz viele Leute gemeinsam glauben, muß einem das doch wirklich helfen,« überlegte Anna weiter. »Und besonders schön wäre es, die Dornbusch-Geschichte würde dann vorgelesen werden, noch besser vorgesungen! Viele andere Geschichten aus der Bibel würde ich gern mal wieder hören, diese wunderbare Geschichte zum Beispiel, wie Gott Mensch wird, in Windeln gewickelt in einer Krippe liegt, und wie Engel vom Frieden auf

Erden singen und Hirten zum Stall schicken. Ich möchte Zeit haben, die Geschichten auf mich wirken zu lassen. Auf großartige Predigten käme es mir im Gottesdienst nicht an. Ich möchte mit den andern zusammen singen, mit den andern zusammen das Vater unser beten.«

Anna dachte nach. »Ja, und ich möchte auch sehr gern mit andern Frauen und Männern und Jugendlichen und Kindern Brot und Wein teilen, am liebsten auch mit dir, Charly, und wenn ich esse und trinke, dann würde ich mir vorstellen, wie – ja, wie *Ich-bin-da* sich mit meinen Lebensfunktionen vermischt, mit meinem Blut durch jedes Äderchen fließt, wie Brot, das man isst und Wein, den man trinkt, sich in jeden Winkel des Körpers hinein auflöst.«

Anna stutzte, als sie sich der Aussagekraft dieser Handlung bewusst wurde. »Ist das nicht eine unglaublich starke Geste? *Ich-bin-da* und der Mensch verschmelzen miteinander, wie Nahrung mit dem Körper völlig verschmilzt!«

Überrascht sann sie dem Bild noch eine Weile nach. »Da ist es wieder: *Ich-bin-da* in uns drin. Charly, wenn ich dich ansehe, sehe ich zugleich *Ich-bin-da* an!«

Anna suchte den Blick in Charlys Augen, der zuerst etwas verlegen auswich, dann aber entschlossen und ganz ruhig Annas Blick erwiderte. So verharrten sie einige Sekunden, und es kam ihnen wie eine Ewigkeit vor.

»Seltsam.«, sagte Anna leise. »Schön, und etwas unheimlich.«

»Gott sieht sich zugleich selber an, wenn wir zwei uns ansehen. So müsste es doch dann sein.«, meinte Charly, ebenfalls leise und nachdenklich.

»Ja, so müsste es dann sein. Und genauso, wenn ich Jonas ansehe. Oder eine Kundin in der Apotheke. Oder Alexios, oder jeden Beliebigen, den ich unterwegs treffe. Natürlich auch, wenn ich jemanden ansehe, den ich überhaupt nicht ausstehen kann. Alle hätten das Ich von *Ich-bin-da* in sich. Wenn ich das bedenke… meine Güte!«

»Tja«, meinte Charly, wie immer, wenn er eine schwierige Überlegung abschließen wollte. »Tja. Das ernst zu nehmen, ist bestimmt nicht leicht.«

»Genau.«, pflichtete Anna ihm bei. »Wirklich darauf setzen, dass Gott *so* nahe ist, noch viel näher, als ich zuerst dachte, als ich auf den Namen *Ich-bin-da* gestoßen bin. Aber wenn es gelänge! Dann würde man Rücksicht aufeinander nehmen. Man würde mehr Respekt voreinander haben. Man würde besser füreinander sorgen.«

»Tja«, sagte Charly.

»Das wär's doch, Charly!« Anna zog die Beine an, schlang die Arme darum und legte das Kinn auf die Knie. »Kannst du das ein bisschen nachempfinden, Charly?«

»Ein bisschen schon – auch wenn ich nicht so mystisch veranlagt bin wie du.«

»Bist du wohl, Charly! Du willst es nur nicht zugeben, vor mir nicht und vor dir selber nicht. Du spürst etwas von *Ich-bin-da* , das hab' ich doch grad gemerkt. Du bist viel zu feinfühlig, als dass du nichts in dir spüren könntest.«

»Danke für das Kompliment! Meinetwegen – wenn jemand, dem der große Zusammenhang des Lebens nicht egal ist, bereits als Mystiker durchgeht, dann hast du Recht. Aber dass ich in mir etwas spüre von Gott – ich weiß nicht. Ich gebe aber zu, Interesse am christlichen Gottesbild hast du bei mir geweckt.«, gestand Charly. »*Ich-bin-da* – der Name hat was. Und das könnte für andere Leute auch interessant sein. Vielleicht sogar wichtig.«

»Weißt du was, Charly?«, sagte Anna im Aufstehen, »Du bist nicht nur mein Mann. Du bist mein Freund. Mit dir kann ich über alles reden.«

Charly erhob sich ebenfalls. »He, du!« Er klopfte Anna kameradschaftlich auf die Schulter. »Au, Hilfe!« rief Anna, doch dann drehte sie sich rasch um und zeigte auf die andere Schulter: »Hier auch! Will ich denn schief herumlaufen?«

Einige Tage später erschien wieder eine Nachricht von Conny im Mail-Briefkasten. Conny klagte zunächst über die Termin- und Aufgabenflut, die die Advents- und Weihnachtszeit für eine Mutter und Klinikpfarrerin mit sich bringe, aber dennoch, schrieb sie, sei es doch eine schöne Zeit. Sie werde diesmal ihre Gottesdienste und Adventsandachten ganz dem Nachdenken über die Dornbusch-Geschichte widmen, besonders dem Gedanken, dass Gott »herabgestiegen« sei. Sie sei froh, dass Anna ihr dazu verholfen habe, sich Gott als *Ich-bin-da* vorzustellen. Es fühle sich an, als werde Gott neu in ihr lebendig.

»Am meisten«, las Anna, »hat mir geholfen, wie unbefangen du in *Ich-bin-da* das Bild eines Freundes oder einer Freundin gesehen hast. Das gehört für dich ganz selbstverständlich zusammen.« Natürlich, dachte Anna, warum denn auch nicht? Und wunderte sich, als sie weiter las: »Mir wurde dadurch erst richtig bewusst, in welchem Maße ich vom Gottesbild eines Herrschers sozusagen hypnotisiert war. Denn – kannst du dir das vorstellen, Anna? – ich hatte *Angst*, Gott als einen Freund und mich als eine Freundin Gottes zu betrachten! Ich bekam Schuldgefühle, Gott könnte mich als größenwahnsinnig verurteilen. Das darf ich mir nicht anmaßen! Ich stelle doch nichts vor, ich versage doch ständig, ich bringe nichts zustande – und will mich Freundin Gottes nennen?

Es dauerte eine ganze Weile, bis ich begriff: Wenn ich die Bibel ernst nehme, darf ich das wirklich tun. Der christliche Glaube lädt tatsächlich dazu ein, sich Gott und Menschen in einer Freundesbeziehung vorzustellen, unabhängig davon, ob ich mich würdig fühle oder nicht. Ich brauche nur richtig wahrzunehmen, was schon immer überliefert wird: In Jesus Christus ist die *Menschenfreundlichkeit* Gottes erschienen. Von sich aus hat er sich entschlossen, seine Anhänger nicht mehr Knechte, sondern Freunde zu nennen. Dass er wegen seiner Überzeugung verfolgt wurde und schon voraussah, dass man ihn umbringen würde, das war für ihn Freundesliebe: Niemand hat eine größere Liebe, als wer sein Leben gibt für seine Freunde, sagte er. Und seine Freunde, das waren nicht nur Helden, das waren ja auch Versager und Feiglinge und ganz normale Menschen.

Also, denke ich, macht doch wohl ein Mensch Gott keine Freude damit, sich ständig neu in das Gefühl von Sündhaftigkeit und Wertlosigkeit hineinzusteigern. Ich sage darum zu mir selber: Wirf dich nicht immerfort vor Gott in den Staub, flehe nicht ständig um Gottes Erbarmen, bettle nicht fortwährend um Hilfe – das ist doch kein Umgang unter Freunden! Sei doch mal konsequent! Versuche es endlich mal mit dem Glauben daran, dass Gott dich wirklich als Freundin braucht, und eine Freundin liegt nicht um Erbarmen flehend vor seinen Füßen herum, sondern geht an seiner Seite. Sie fühlt sich als Mitarbeiterin. Ziere dich nicht ständig, steh aufrecht vor Gott, nimm Gottes Freundschaft an. Akzeptiere, dass Gott dich (wie die andern auch) braucht, um *Ich-bin-da* zu sein.

Siehst du, Anna, so ist meine Weise zu glauben in Bewegung geraten, und das verdanke ich dir, weil du mich einbezogen hast in das, was du erlebt hast.«

Anna hörte auf zu lesen und stand auf. »Jetzt brauche ich einen starken Kaffee«, sagte sie vor sich hin und ging in die Küche. Connys Worte hatten sie unruhig gemacht. Um Erbarmen und Hilfe flehen, das ist kein Umgang unter Freunden. Stell dich aufrecht hin vor Gott und nimm seine Freundschaft an. Akzeptiere endlich, dass Gott dich braucht, um *Ich-bin-da* zu sein.

Gottes Freundschaft annehmen. So bewegend und schön und vielleicht sogar rührend dieser Gedanke war – Anna wurde sich auf einmal auch der Konsequenzen bewusst. Echte Mitarbeit mit Gott übernehmen? Ein resignierendes Gefühl, völlig überfordert zu werden, wollte sich plötzlich in ihr ausbreiten. Und müsste sie dann nicht auch, wie es bei Jesus Christus damals war, mit Widerstand, vielleicht sogar mit Gefahren rechnen? Kämen nicht riesige Anstrengungen auf sie zu, unermüdliches Arbeiten? Wäre es dann nicht doch leichter, besser, sogar angemessener, ehrlicher, die Rolle der hilflosen, schwachen Sünderin einzunehmen und in Gott weiterhin den großen Herrscher zu sehen, der alles irgendwie richten wird – was Gott tut, das ist wohlgetan?

Bloß nicht allein bleiben mit diesen Fragen, nahm sich Anna vor. Wie gut, einen Mann und eine Freundin zu haben, mit denen sie darüber würde reden können.

Sie trank ihren Kaffee und fand allmählich ihre Fassung wieder. Als hätte eine Stimme in ihr gesprochen: Hab keine Angst, Anna. *Ich bin da.* Heroische Taten erwarte ich nicht von dir. Du hast dich schon längst als meine Freundin erwiesen. Du hast dich aus dem Staub erhoben und hast meine Hand ergriffen. Du hast meinen Wunsch, dir nahe zu sein, ernst genommen. Du traust mir zu, dass ich dir und euch allen ein Gelobtes Land zugedacht habe. Du vertraust mir, dass Nadine dort schon lebt. Du verhältst dich doch schon wie eine Freundin. Fühle dich frei, Anna. Ich liebe deine Freiheit. Ich habe meine Freude an dem Echo, das ich in deiner Seele auslöse.

Ach, ich würde dich gern mit diesen meinen Augen sehen können, *Ich-bin-da.* Ich würde dir gern einen Kaffee einschenken, murmelte Anna. Was für ein alberner Wunsch, schalt sie sich. Dennoch malte sie sich die Szene weiter aus, *Ich-bin-da* ihr gegenüber sitzend, eine Lichtgestalt. Aber die Gestalt veränderte sich. Jetzt sah sie Conny ähnlich, dann dem jungen Charly, dann ihrer Mutter. Jetzt verwandelte sie sich in einen japanischen Kunden aus der Apotheke. Jetzt in Alexios. Auf einmal saß da Nadine, die liebe kleine Nadine. Bleib so, bleib so! flüsterte Anna, doch sah sie an Nadines Stelle die verzweifelte Mutter in den Trümmern des Erdbebens, die Bilder wechselten immer rascher, keines konnte sie festhalten. Halt, halt! Ich kann nicht, es ist zu viel! rief es in ihr. Sie drückte die Augen fest zu, legte ihre Arme auf den Tisch und die Stirn darauf. Abrupt stand sie schließlich auf, griff nach einem Glas, füllte es mit Leitungswasser und trank es in einem Zug leer.

»Du bist ein seltsamer Freund, *Ich bin da*«, sagte sie vor sich hin. »Ziemlich anstrengend.« Anna lehnte sich an die Spüle und drehte versonnen das leere Wasserglas in den Händen. »Ja, anstrengend. Aber loswerden will ich dich nicht, *Ich bin da*, auf keinen Fall.« Verwirrt wegen der Heftigkeit, mit der diese Beteuerung aus ihr herausbrach, blickte sie auf und stellte das Glas auf den Tisch. »Nein, wirklich. Auf gar keinen Fall!«, wiederholte sie.

Bald darauf läutete die Türklingel, und Jonas humpelte hinein. »Ich bin auf dem Glatteis ausgerutscht! Hier tut's mir weh!« Jonas deutete auf seine Hüfte. Anna tröstete ihn, trug etwas Salbe auf die schmerzende Stelle auf und meinte, nun könne Jonas sich gut vorstellen, wie es für Ria war, als er sie vergangenen Sommer in Friedrichshafen umgestoßen hatte. »Das soll aber kein Vorwurf sein, es war ja keine Absicht! Außerdem, damit hast du mir eigentlich einen großen Gefallen getan.«, versicherte Anna ihrem Sohn. »Sonst hätte ich nämlich Ria gar nicht kennengelernt, und damit fing etwas an, das sehr wichtig für mich ist.«

»Weiß ich schon längst«, beteuerte Jonas lässig, »das mit *Ich-bin-da*.«, und humpelte in sein Zimmer.

Anna setzte sich vor den Laptop, weckte ihn aus seinem Sleepmodus und suchte die Stelle in Connys Mail, an der sie aufgehört hatte zu lesen. Erst nach Weihnachten werde Conny sich wieder Zeit zum Mailen und Telefonieren nehmen, las sie weiter, aber sie wolle jetzt schon einen Vorschlag machen: »Wir könnten doch samt Männern und Kindern für den nächsten Sommer eine gemeinsame Urlaubszeit in Ravensburg planen, vielleicht könnten auch Ria und Henk aus Amsterdam dazukommen! Was meinst du dazu?«

»Ich meine dazu, dass du da eine ausgezeichnete Idee hast! Könnte fast von mir sein.«, schrieb Anna zurück.

Hinweise zur Erzählung

Was man über die Wortgeschichte des alten Namens *Jahweh* weiß, faßt der Beitrag von D.N.Freedman und P.O'Connor zu יהוה im *Theologischen Wörterbuch zum Alten Testament* zusammen *(Stuttgart-Basel-Köln-Mainz 1977ff, Bd.III, S. 533-544)*

Für die sprachliche und inhaltliche Darstellung des biblischen Gottesnamens empfehle ich besonders den Beitrag von Franz Rosenzweig: *»Der Ewige« – Mendelssohn und der Gottesname* in dem Sammelband *Die Schrift. Aufsätze, Übertragungen und Briefe, herausgegeben von Karl Thieme, Königstein/Ts. 1984, S. 34-50.*

Die bibelwissenschaftlichen Grunderkenntnisse findet man ferner dargelegt zum Beispiel von Werner H. Schmidt im *Biblischen Kommentar zum Alten Testament, Buch Exodus Band I (Neukirchen 1988)*, von Alfons Deissler in seinem Werk *Die Grundbotschaft des Alten Testaments. Ein theologischer Durchblick, Freiburg 1972*, oder in seinem Beitrag *Der Gott des Alten Testaments* im Sammelband *Die Frage nach Gott, herausgegeben von J.Ratzinger, Freiburg 1972*, von Walter Kasper im Beitrag *Name und Wesen Gottes. Problem und Möglichkeit des theologischen Sprechens von Gott* im Sammelband *Der Name Gottes, herausgegeben von H.v. Stietencron, Düsseldorf 1975.* von Clemens Thoma im Artikel *Gott im Judentum* im *Lexikon der Religionen, herausgegeben von Hans Waldenfels, Freiburg-Basel-Wien 1987, S. 221-223*

Das Lied mit der Zeile *Sollten wir ich-und-niemand sein?* findet man auf deutsch in: *Du bist der Atem meiner Lieder. Gesänge von Huub Oosterhuis und Bernhard Huijbers, deutsch von Peter Pawlowsky, Freiburg-Wien-Gelnhausen 1976, S. 14f.*

Das Zitat von *Martin Buber*, »…*Gott braucht dich..«*, findet sich in seinen *Schriften zur Philosophie, München-Heidelberg 1962, S. 133 und S. 153.*

Die Erkenntnis, dass alles, was Menschen über Gott aussagen wollen, im Vergleich zur Wirklichkeit *mehr unähnlich als ähnlich* ausfallen muss, formulierte das *IV. Laterankonzil* im Jahre 1215 *(Denzinger-Schönmetzer, Enchiridion Symbolorum.*[32]*1963, Nr. 432)*

Bedeutung und Schicksal des biblischen Gottesnamens

Einleitung

Die Bibel hat ein einzigartiges, faszinierendes Bild von Gott entworfen, das die christliche Tradition sehr früh hinter einem dichten Vorhang verborgen hat. Davor hat sie ein Schild postiert mit dem Aufdruck »Der Herr«.

Hinter dem Vorhang jedoch wartet auf seine Wiederentdeckung das Bild eines Gottes, der von seinem Thron herabgestiegen ist, um seine Menschen aus allem, was knechtet, zu befreien, und sie in ihre vorbestimmte Heimat zu führen. Es trägt den Titel »Ich-bin-da«.

Dieses verheißungsvolle Bild vom mit uns gehenden Gott, der uns nahe ist wie ein Freund, der uns zum Aufbruch ermutigt und unsere Mitarbeit erwartet, fehlt im Alltag des christlichen Lebens. Es fehlt in der gottesdienstlichen, liturgischen Sprache, es fehlt in der Volksfrömmigkeit. Es konnte nicht auf unsere spirituelle Entwicklung einwirken, konnte nicht zur ersten und selbstverständlichen Vorstellung vom Verhältnis zwischen Gott und den Menschen werden. Es ist ja verhüllt. Man sieht es nicht.

Wie kam es dazu? Soll es so bleiben?

Der Gottesname in der Bibel

Versuchen wir, die Sache mit dem Gottesnamen *Ich-bin-da* und der Vorstellung, die dieser Name heraufbeschwört, näher in den Blick zu bekommen, und schauen zuerst in die Bibel selbst. Im 2. Buch Mose, auch Exodus genannt, stoßen wir im 3. Kapitel auf die entscheidende Erzählung.[1]

[1] Mose hütete die Schafe seines Schwiegervaters Jetro, des Priesters von Midian. Einmal trieb er die Schafe über die Steppe hinaus und kam zum Berge Gottes, zum Horeb.

2 Da erschien ihm der Engel Jahwehs in einer Feuerflamme, mitten aus einem Dornbusch heraus. Und er sah hin, und siehe, der Dornbusch brannte im Feuer, aber der Dornbusch wurde nicht verzehrt.

3 Da dachte Mose: »Ich will doch hingehen und dieses seltsame Schauspiel betrachten, warum der Dornbusch nicht verbrennt.«

4 Als Jahweh sah, dass er herantrat, um nachzusehen, rief Gott ihm aus dem Dornbusch zu: »Mose, Mose!« Dieser antwortete: »Hier bin ich!«

5 Da sprach er: »Tritt nicht näher heran. Ziehe deine Schuhe von deinen Füßen, denn der Ort, auf dem du stehst, ist heiliger Boden.«

6 Und er fuhr fort: »Ich bin der Gott deines Vaters, der Gott Abrahams, der Gott Isaaks und der Gott Jakobs«. Da verhüllte Mose sein Angesicht, denn er fürchtete sich, Gott anzuschauen.

⁷ Und Jahweh sprach:

»Ich habe das Elend meines Volkes, das in Ägypten ist, wohl gesehen, und ihr Schreien über ihre Treiber habe ich gehört. Ja, ich kenne seine Leiden.

⁸ Darum bin ich herabgestiegen, um es aus der Gewalt der Ägypter zu befreien und es aus diesem Land herauszuführen in ein schönes und geräumiges Land, das von Milch und Honig fließt, in das Gebiet der Kanaaniter, Hethiter, Amoriter, Perisiter, Hiwwiter und Jebusiter.

⁹ Jetzt aber, siehe, das Schreien der Israeliten ist zu mir gedrungen, und ich habe auch die Bedrängnis gesehen, mit der die Ägypter sie quälen.

¹⁰ So gehe nun! Ich will dich zum Pharao senden. Führe mein Volk, die Israeliten, aus Ägypten heraus!«

¹¹ Mose aber sprach zu Gott: »Wer bin ich, dass ich zum Pharao gehe und die Israeliten aus Ägypten herausführe?«

¹² Er erwiderte: »Ich werde mit dir sein. Und dies soll dir als Zeichen dienen, dass ich es bin, der dich sendet. – Wenn du das Volk aus Ägypten herausgeführt hast, werdet ihr Gott auf diesem Berg verehren.«

¹³ Da sprach Mose zu Gott: »Wenn ich zu den Israeliten komme und ich zu ihnen sage: ›Der Gott eurer Väter hat mich zu euch gesandt‹, und sie mich dann fragen: ›Was bedeutet sein Name?‹, was soll ich ihnen antworten?«

¹⁴ Da sprach Gott zu Mose: »ICH BIN, DER ICH DA BIN.«
Und er fuhr fort: »So sollst du zu den Israeliten sprechen:
Ich-bin-da hat mich zu euch gesandt.«

¹⁵ Und weiter sagte Gott zu Mose: »So sollst du zu den Israeliten sprechen: Jahweh, der Gott eurer Väter, der Gott Abrahams, der Gott Isaaks und der Gott Jakobs, hat mich zu euch gesandt.
Dies ist mein Name für alle künftige Zeit. So sollt ihr mich nennen von Geschlecht zu Geschlecht.

Exodus/2.Buch Mose 3, 1-15
(in Anlehnung an die Übersetzung der »Jerusalemer Bibel«)

Man stelle sich das kleine Nomadenvolk der Hebräer vor, das wegen einer Hungersnot in Ägypten Zuflucht gesucht hatte. Dort war es zahlenmäßig erstarkt und dem Pharao allmählich zu einflußreich geworden. Der ägyptische Despot verfügte Sklavenarbeit und allerlei Schikanen und stürzte die Israeliten, wie sie auch genannt wurden, immer mehr ins Elend.

In ihrer Not flehten die unterdrückten Hebräer ihren Stammesgott um Hilfe an. Der biblische Text erzählt, Gott habe das Elend seines Volkes gesehen und sein Klagen gehört, darum sei er »herabgestiegen«, um es zum Aufbruch in die Freiheit zu rufen und durch Meer und Wüste zu führen in »ein schönes und geräumiges Land, das von Milch und Honig fließt «. Aus den Flammen eines brennenden Dornengestrüpps heraus hört Mose Gottes Stimme: Er solle vom Pharao die Freigabe seiner Landsleute verlangen. Angesichts dieser gefährlichen Mission überfällt Mose große Furcht. Er sucht nach Ausflüchten, aber wagt nicht zu widersprechen.

Seit Urzeiten nannten die Hebräer den Gott ihrer Vorfahren Jahweh (die Aussprache ist allerdings nicht sicher überliefert), und wie es mit Jahrhunderte alten Namen oft geht, so waren auch Herkunft und Bedeutung des Namens Jahweh allmählich in Vergessenheit geraten. Diese Verlegenheit nutzt der biblische Autor, um seine Vorstellung von Gott, besser gesagt seine Vorstellung davon, worin das Wesen Gottes den Menschen gegenüber bestehe, in die Erzählung einzuflechten. In der Szene von der Begegnung zwischen Mose und Gott am Brennenden Dornbusch im 2. Kapitel des 2. Buches Mose, auch Exodus genannt, läßt er Mose die Frage stellen, was dieser Name denn bedeute, denn im Namen Jahwehs sollen die Geknechteten ja dem mächtigen Pharao die Stirn bieten. Mose bittet Gott um Auskunft: »Und wenn mich die Israeliten fragen, was ist's um seinen Namen?, was soll ich ihnen dann antworten?«[2] Man muß bedenken: Die Aussage, die ein Name enthält, hatte (und hat teilweise auch heute noch) im Orient eine große, zuweilen geradezu magische Bedeutung. Der Name steht für das, was den Träger des Namens kennzeichnet, er sagt etwas über dessen Wesen.[3]

Der Mensch bittet also Gott zu erklären, was sein Name bedeutet – er fragt, was Gottes Wesen sei! »Atemberaubend« nannte Ernst Bloch die Frage des Mose[4].

Mose hat diese Frage gestellt, weil er sich angesichts seiner Berufung schwach und furchtsam fühlt. Die Stimme aus dem Feuer antwortet ihm: »Ich bin, der ich da bin. Sag den Israeliten: *Ich-bin-da* hat mich zu euch gesandt.« Mose erhält eine ermutigende, Beistand versprechende und um Vertrauen werbende Antwort.

Jahweh war ein damals schon sehr alter Name. Die Entstehungsgeschichte dieses Namens aus versunkener Zeit kann man wohl nicht mehr herausfinden.[5] Die Stimme aus dem Feuer bietet dem Mose hier selbstverständlich keine ethymologische Erklärung des alten Namens. Gott gibt vielmehr dem nicht mehr aus sich selbst heraus verständlichen Namen eine Bedeutung, die von nun an gelten soll.

Die Bibelwissenschaftler sind sich einig, dass im damals gesprochenen hebräischen Dialekt zwischen dem alten Namen Jahweh und dem Wort für *Ich-bin-da* eine Klangbrücke bestanden haben muß, so dass die Menschen die Verknüpfung dieser beiden Worte gut nachvollziehen konnten[6]. Die Fachleute stimmen, soweit ich das überblicke, auch darin überein, dass *Ich-bin-da* in unserer Sprache die bestmögliche Übersetzung dafür ist.[7]

Ein Beispiel soll diese Namensdeutung erläutern. In Nordhessen liegt ein Dörfchen mit dem alten Namen *Quentel*. Herkunft und Bedeutung des Namens konnten zum Leidwesen der Bewohner nicht mehr sicher bestimmt werden. Da kam jemandem die Idee, Quentel als *Quellental* zu deuten. Die Leute griffen das gern auf, zumal diese Wortverknüpfung die Wirklichkeit gut trifft. Sie haben sich darauf geeinigt, Quentel nunmehr als Quellental zu verstehen. Und wollte jemand den Dorfnamen zum Beispiel ins Englische übersetzen, müßte er, um den Einwohnern gerecht zu werden, von *Spring Valley* sprechen.

In ähnlicher Weise verknüpft die Dornbuschgeschichte den alten Namen *Jahweh* mit der Bedeutung jenes hebräischen Wortes *ejeh*, und wer dem Anliegen der Erzählung gerecht werden will, wird in unserer Sprache *Ich-bin-da* sagen.

Isoliert betrachtet, kann man das hebräische Wort *ejeh* statt mit *Ich-bin-da* auch mit *Ich bin* übersetzen; beide Bedeutungen sind möglich. Der Gottesname erhielte dann eine eher philosophisch anmutende Aussage: »So sollst du zu den Israeliten sprechen: *Ich-bin* (oder: *Der Seiende*) hat mich zu euch gesandt«. Im griechischen Sprachraum hat sich dieses philosophische Verständnis von Anfang an durchgesetzt und viele weitere Übersetzungen bis auf den heutigen Tag beeinflußt. Im Zusammenhang der biblischen Befreiungsgeschichte ist diese Variante jedoch sicher nicht gemeint. Es geht nicht um die grundsätzliche Existenz (das *Sein*), vielmehr eindeutig um das Beistand verheißende, wirkmächtige *Dasein* Gottes.[8]

Die hebräische Sprache schließt in der dabei gebrauchten Zeitform des betreffenden Verbs auch die Zukunft mit ein: *Ich-bin-da* – jetzt und auch in Zukunft. Wir kennen die Verbindung von Vergangenheit, Gegenwart und Zukunft auch in manchen Wendungen unserer Sprache, zum Beispiel: »Ich wohne hier«. Ebenso meint die Mutter Gegenwart und Zukunft zugleich, wenn sie ihrem kranken Kind versichert: »Schlaf ruhig, ich bin bei dir«.

Gott pocht in der Dornbusch-Erzählung nicht darauf, dass er schon immer einen geheimnisvollen Namen besitze, einen »Eigennamen«, bei dem er weiterhin angerufen werden müsse. Wer sollte auch jemals die Vollmacht oder die Fähigkeit gehabt haben, dem einen Gott des Himmels und der Erde einen treffenden Namen zu verleihen? Aber der aus grauer Vorzeit des Vielgötterglaubens überkommene und unverständlich gewordene Name Jahweh eignete sich für eine *neue Deutung*. Gott weist die Menschen an, wie sie den alten Namen von nun an verstehen sollen. Er offenbart, welches menschliche Wort sich dafür eignet, sein Verhältnis ihnen gegenüber auszudrücken: *Ejeh, Ich-bin-da*. Unter der Voraussetzung dieses neu festgelegten Inhalts dürfen und sollen die Menschen den alten Namen weiterhin verwenden, wie ein Gefäß, das mit neuem Inhalt gefüllt wurde. Und der Zusammenhang macht deutlich, *wie* dieses *Ich-bin-da* hier näherhin zu verstehen ist, *wie* das Dasein Gottes konkret geglaubt werden soll. Es läßt sich in etwa so umschreiben:

Ich, euer Gott, habe Gutes mit euch im Sinn. Ich will, dass ihr den Aufbruch wagt heraus aus eurer Knechtschaft. Ich werde bewirken, dass möglich wird, was euch unmöglich scheint, denn ich bin *Ich-bin-da*. Ich will, dass ihr den Weg antretet in das Land der Lebensfülle und des Glücks, das ich euch zugedacht habe. Ich werde euch beistehen und euch führen. Darauf sollt ihr euch verlassen. Ich bin *Ich-bin-da*.[9]

Hinter diesem Namen steht also das Bild eines Gottes, der seine Menschen in die Freiheit ruft, der ihnen nahe bleibt und mit ihnen einen großen Weg geht, und der sie in das Land des »Shalom«, des umfassenden Glücks führen will.

Der Name *Ich-bin-da* faßt so die tiefsten Einsichten zusammen, zu denen Israels Glaube im Lauf seiner langen Geschichte vorgedrungen ist. Hierin offenbart sich ein einzigartiges Gottesbild unter allen Religionen dieser Erde.[10]

Wer heute die Bibel zur Hand nimmt, weil er von ihr Hilfe erhofft bei seiner eigenen Suche nach dem Lebenssinn und nach Gott, und wer *alle* Menschen als »Volk Gottes« zu betrachten sich entschlossen hat, der findet in dieser Erzählung ein Bild, eine Vorstellung von Gott, die ihm nachhaltig zu denken gibt. Die mit diesem Bild verbundene Vorstellung unterstellt *nicht,* dass Gott als Lenker der Welt, als allmächtiger Herr, alles bestimmt und Gutes wie Böses zuteilt, auch wenn das anderswo in den biblischen Schriften so dargestellt wird, denn die Bibel enthält den ganzen Entwicklungsprozeß des damaligen Denkens über Gott. Diese Erzählung besagt vielmehr: Gott will nicht, dass seine Menschen weiter in Not und Elend leben. Er will, dass sie sich entschlossen auf den Weg in eine Zukunft machen, in der Lebensfülle und Glück sie erwarten. Er sagt: Mein Name bedeutet *Ich-bin-da.* Mein Wesensmerkmal ist es, unter euch da zu sein, *um euch zu helfen, das Ziel zu erreichen und alle Hindernisse zu überwinden.* Das gilt für jetzt und für alle Zukunft.

Und diese Erzählung von Gott, der sein Volk zum Aufbruch aus der Knechtschaft ruft und ihm die Bedeutung seines Namens offenbart, ist als biblische Schlüsselerzählung zu bewerten, als zentral wichtige Botschaft über die »Beziehung« zwischen Gott und den Menschen, eine Botschaft, die andere Gedanken überragt und hinter sich läßt.

Die biblische Szene schließt mit Gottes Anweisung: »Dies ist mein Name für alle künftige Zeit. So sollt ihr mich nennen von Geschlecht zu Geschlecht.« Darin zeigt sich der umfassende Anspruch des biblischen Autors, dieses Gottesbild verbindlich festzulegen. *Jedesmal*, wenn der Name *Jahweh* in den Texten der Bibel vorkommt, soll er in der Bedeutung *Ich-bin-da* verstanden werden, so, wie sie in der Dornbusch-Erzählung festgelegt ist[11]. »Jedesmal« bedeutet konkret: sechstausendachthundert mal. Wo immer Gott *Jahweh* genannt werde, folgert Franz Rosenzweig, verkündet die Bibel ihre wesentliche Botschaft: Gott ist *Ich-bin-da.* Die Glut, die damals im hebräischen Gottesnamen JHWH entfacht wurde und von ihm ausging, habe sich durch die mehrtausendfache Verwendung dieses Namens über die ganze Bibel verteilt, sie durchdrungen und geradezu »ineinsgeschmiedet«.[12]

Der krönende Schlußsatz des Matthäus-Evangeliums spielt offensichtlich auf den Gottesnamen an und bezeugt dadurch, dass die ersten Jüngerinnen und Jünger in Jesus Christus die Verkörperung Gottes mit dem Namen *Ich-bin-da* sahen: »Und siehe, *ich bin bei euch* alle Tage bis an das Ende der Welt.« (Matth. 28,20)

Wie der Gottesname verloren ging

Ja, der Name *Ich-bin-da* sollte nach der biblischen Darstellung die ständige, allseits gebräuchliche Gottesbezeichnung werden und die Vorstellung der Menschen von Gott prägen. Doch warum hat sich dieser Name für Gott bei uns nicht eingebürgert? Warum verwenden wir ihn nicht?

Wir verwenden ihn deshalb nicht, weil der biblische Gottesname in den Bibeltexten bewußt gelöscht und durch den Titel *Herr* ersetzt worden ist.

Wie kam es dazu?

Zu den Zeiten, als die biblischen Texte entstanden, und noch lange danach, nannte man in Israel Gott unbefangen *Jahweh* und verstand diesen Namen, das darf man annehmen, im Sinn seiner Deutung in der Dornbuschgeschichte als *Ich-bin-da*.

Um die Mitte des dritten vorchristlichen Jahrhunderts machten sich unter den jüdischen Schriftgelehrten wegen einer veränderten Auslegung des Zweiten Gebotes jedoch Skrupel breit. Das Zweite Gebot verbietet den Missbrauch des Namens Gottes. Gemeint ist damit sicherlich, man dürfe sich nicht auf Gott berufen in Dingen, die seinem Willen widersprechen. Fromme Juden werteten aber schließlich auch schon ein unachtsames Aussprechen des Namens *Jahweh* als Missbrauch. Sie begannen deshalb damit, beim Lesen oder Vorlesen von biblischen Texten immer dann, wenn das lesende Auge auf den Gottesnamen stieß, kurz innezuhalten, und statt den Namen auszusprechen oder auch nur vor sich hin zu flüstern, erhoben sie ihre Augen zum Himmel und beteten nach Art eines winzigen Stoßgebets: *Mein Herr!*, hebräisch *Adonaj!*

Lesekundig waren ja nur ganz wenige im Volk, und es ist leicht begreiflich, dass im mündlichen Sprachgebrauch aus dem frommen Stoßseufzer *Mein Herr!* allmählich ein *Ersatz* für den Gottesnamen wurde. Geschrieben wurde der Name weiterhin getreulich beim Anfertigen neuer Schriftrollen (wie im Hebräischen grundsätzlich üblich, notierte man nur die Konsonanten JHWH), und sogar in der vorchristlichen Übersetzung der hebräischen Bibel ins Griechische, in der Septuaginta, behielt der Gottesname zunächst noch seine Originalform, denn auch im Ausland wußte jeder fromme Jude, was er bedeutete und wie er mit ihm umgehen sollte.

Dann kam die Zeit, in der auch christliche Gemeinden im griechischen Sprachraum Bibeltexte brauchten. Immer neue Exemplare mußten abgeschrieben werden. Viele Christen kamen aus heidnischem Umfeld und hätten mit dem hebräisch geschriebenen Gottesnamen ohne Erläuterung nichts anfangen können. Niemand weiß, welche Gedanken sich die griechischen Schreiber über den hebräischen Gottesnamen machten, und ob sie erwogen haben, seine Bedeutung (falls sie sie kannten) im Griechischen wiederzugeben. Fest steht nur, dass spätestens seit dem vierten nachchristlichen Jahrhundert an allen sechstausendachthundert Stellen in der Septuaginta der Gottesname durch das griechische Wort für *Herr*, also durch *Kyrios*, ersetzt worden ist.

Vielleicht hatten griechische Gelehrte keine besonders sensible Antenne für die prozeßhafte, geschichtlich orientierte Idee von einem Gott, der nicht über der Welt thront wie ein mächtiger Herr, sondern als ein *Ich-bin-da* mitten unter seinen Menschen lebt und mit ihnen unterwegs ist in ein zukünftiges Gelobtes Land. Das griechische Weltbild war eher statisch, fest und für immer geordnet[13]. Ein Gott, der seine Menschen zum Widerstand aufruft gegen die Pharaonen dieser Welt, ein Gott, der den Menschen einen beherzten Aufbruch zutraut und ihnen Nähe und Beistand verspricht – das waren wohl ganz ungewohnte Gedanken. Mußte Gott nicht vielmehr der höchste Herr sein, ein Herrscher, der Menschen, Welt und Kosmos aus unerreichbarer Ferne regiert, der alles ordnet, beobachtet und kontrolliert, ewig und souverän? War also nicht für Gott *Kyrios, der Herr,* von vornherein die am besten geeignete Bezeichnung?

Bischof Hieronymus, der in päpstlichem Auftrag gegen Ende des vierten Jahrhunderts eine offizielle lateinische Bibelübersetzung erstellen sollte, übernahm den *Kyrios* wie selbstverständlich als *Dominus.* Seine lateinische Vulgata und die griechische Septuaginta erlangten schließlich den Rang offizieller Übersetzungen und wurden wie Originale betrachtet. Ein Rückblick auf den hebräischen Text oder gar ein kritischer Vergleich erschien somit nicht mehr nötig.

Damit waren die Weichen gestellt. Der *Herr* hatte Gottes Namen *Ich-bin-da* vollständig verdrängt und dominiert bis heute das christliche Gottesbild.

Der Gottesname im Judentum

Im Judentum wurde der Gottesname in seiner schriftlichen Form in Gestalt des Tetragramms יהוה selbstverständlich sorgfältig überliefert. In den deutschsprachigen jüdischen Bibelausgaben wählte man an seiner Stelle bis ins 19. Jahrhundert hinein den allgemeinen Begriff *Gott*.

Es war der jüdische Philosoph und Lessings Freund Moses Mendelssohn, der sich um die Mitte des 18. Jahrhunderts wohl als erster bewußt machte, dass die Bedeutung, die die Bibel dem Namen JHWH verliehen hatte, *mit* übersetzt werden müsse. Er zog aber nicht in Betracht, *Ich-bin-da* in unserer Sprache als Namen zu verwenden. Mendelssohn suchte nach einem umschreibenden Wort und wählte schließlich für JHWH die deutsche Bezeichnung »*der Ewige*«. Seine Bibelüberübersetzung insgesamt fand zwar keine besondere Beachtung, doch seine JHWH-Wiedergabe *der Ewige* wurde überall mit offenen Armen aufgenommen. Die meisten späteren jüdischen Bibelübersetzungen und liturgischen Texte haben sie übernommen und verwenden sie bis heute. Freilich, so beliebt *Der Ewige* wurde, so weit bleibt diese Bezeichnung doch zurück hinter der Gottesvorstellung, die die Bibel vermitteln wollte.

Der jüdische Theologe Franz Rosenzweig sah darum auch in dem Vorschlag Mendelssohns, den Gottesnamen mit *Der Ewige* wiederzugeben, keine gelungene Lösung. Nicht über Gottes zeitlose Existenz will die Bibel reden, sondern über die Beziehung, in der Gott und die Menschen miteinander leben. Rosenzweig plädierte leidenschaftlich dafür, die zentrale Bedeutung des Gottesnamens für die genuin biblische Botschaft endlich wahrzunehmen.[14]

Leider versuchte auch er nicht, *Ich-bin-da* als deutsche Wiedergabe des Gottesnamens zu etablieren, obschon er die Grundlage dafür so überzeugend und kompetent erarbeitet hatte. Unter dem Einfluß seines Freundes, des jüdischen Gelehrten und Sprachgenies Martin Buber, entschied er sich für eine andere Lösung. Beide hatten sich an das große Projekt einer Neuübersetzung der Bibel herangewagt, und natürlich mußten sie dabei gleich zu Beginn die Aufgabe bewältigen, für den biblischen Gottesnamen einen passenden deutschen Namen zu finden[15]. Den Beiden kam schließlich wie eine Erleuchtung die Idee, JHWH mit dem persönlichen Fürwort ER und dessen Deklinationsformen wiederzugeben, allerdings immer mit Großbuchstaben zu schreiben und mit besonderer Betonung zu sprechen. Wenn im hebräischen Text von JHWH gesprochen wird, wird in Bubers Übersetzung von IHM gesprochen. Wenn Gott selbst redet, heißt es dann ICH, wenn Menschen Gott ansprechen, DU. Die beiden Gelehrten hofften, die Menschen würden aus diesem persönlichen Fürwort auch die ganze Bedeutung des Gottesnamens *Ich bin da* mit heraushören können. Voraussetzung dazu sei freilich, dass es immer »mit explosiver Kraft« gelesen werde.

Bubers Übersetzungswerk (Rosenzweig geriet zu Unrecht etwas aus dem Blick, da er während der ersten Arbeitsphase starb) genießt hohes Ansehen. Gottes ER, ICH, DU übt darin sicherlich eine besondere Faszination aus. Andererseits aber hat sich gezeigt: In der Gebetssprache, in Liturgie, Predigt und Unterricht hat sich das persönliche Fürwort ER als Name für Gott nirgends durchgesetzt. Das war auch nicht zu erwarten. Da man als Voraussetzung schon verinnerlicht haben müßte, welches Anliegen Buber und Rosenzweig damit verbinden, und da auch sehr viel von der Betonung und von der Art und Weise abhängt, wie man es ausspricht, stellt es für den alltäglichen Gebrauch zu hohe Anforderungen. Auch wird dadurch das *Ich* im Namen *Ich-bin-da* ohne Not auf die männliche Variante fixiert.

Es wird also von jüdischen Gläubigen der eigentliche biblische Gottesname bis heute nicht verwendet. Auf dem hebräischen Sprachterrain umgab und umgibt man den Gottesnamen mit einem hohen Zaun aus Scheu und Ehrfurcht. Und auf dem Gebiet der deutschen Sprache und anderer Sprachen nennt man Gott vor allem den »Ewigen« – ein Titel, der die einzigartige Botschaft des Namens nicht zu vermitteln vermag. Freilich ist der Gottesname für die Juden intensiv gegenwärtig in seiner schriftlichen Gestalt mit seinen vier hebräischen oder lateinischen Schriftzeichen JHWH – in der Thora, auf Wänden und Fenstern von Synagogen, auf Grabsteinen, in Bildern. Man darf annehmen, dass jüdischen Gläubigen seine Botschaft *Ejeh, Ich bin da,* wohlvertraut ist.

Manchmal begegnet man dem Wort *Jehowa(h)* als angeblichem Namen Gottes. Dieses Wort ohne jede Bedeutung entstand durch einen Irrtum. Jüdische Bibelleser sollten daran erinnert werden, dass sie, sobald ihr Blick auf das Tetragramm des Gottesnamens JHWH fällt, das Stoßgebet *Adonaj! (Mein Herr!)* zum Himmel schicken mögen. Wer die hebräischen Bibeltexte schrieb, malte darum die drei Vokalzeichen von *Adonaj* als Mahnung und Erinnerung unter das Tetragramm. Christen, die davon nichts wußten, verknüpften die vier Konsonanten mit diesen drei Vokalzeichen zu *JaHoWaH.* Das erste *a* verflachte zu einem flüchtigen *e* : *Jehowah.*

Der Gottesname im Christentum

Bis heute enthalten alle Bibelübersetzungen, die im Alltag eine Rolle spielen und in den Gottesdiensten verwendet werden, als Ersatz für den Gottesnamen den *Herrn*. Luther unternahm immerhin den Versuch, diese Ersatzbezeichnung kenntlich zu machen, indem er das Wort mit großen Lettern schrieb[16]. Da seine Absicht aber den meisten Bibellesern verborgen blieb, bekam der groß geschriebene HERR der Luther-Übersetzungen auf Grund eben dieser Hervorhebung tragischerweise eine noch gewaltigere Bedeutung, als sei gerade diese Gottesbezeichnung in der Bibel ungeheuer vordringlich und wichtig.

Christliche Übersetzer pflegen bis heute das Vergraben des Gottesnamens *Ich-bin-da* unter dem Ersatzwort *Herr* als »alten Brauch« zu bezeichnen und halten es offensichtlich für nicht geraten oder auch aussichtslos, daran etwas zu ändern. Nur die neu erstellte Übersetzung »Bibel in gerechter Sprache« versucht einen anderen Weg. Leider erfaßt sie das biblische Anliegen nur zum Teil und stiftet möglicherweise neue Verwirrung[17]. Doch immerhin macht sie auf die wichtige Frage der Wiedergabe des Gottesnamens in unserer Sprache aufmerksam.

Es bleibt aber festzustellen: Trotz aller theologischen Einsichten halten sämtliche Bibelübersetzungen, die weit verbreitet sind und von den Kirchenleitungen für den gottesdienstlichen Gebrauch empfohlen werden, am Ersatzwort *Herr* fest.

Daraus hat sich im Lauf der Jahrhunderte ergeben, dass in der Liturgie, in Gebeten und Liedern, in der Erbauungsliteratur, überall im christlich-religiösen Sprachgebrauch, *der Herr* die häufigste Bezeichnung für Gott geworden und geblieben ist. Inzwischen sind die

Christen in aller Welt an den *Herrn* so sehr gewöhnt, dass die meisten nicht einmal wissen, dass diese Bezeichnung an sechstausendachthundert Stellen in der Bibel den eigentlichen Gottesnamen verdeckt und verschlüsselt. Im Volksmund wurde Gott zum *Herrgott.* Der biblisch gewünschte Name *Ich-bin-da* ist verschüttet.

Der Name prägt das Bild von Gott

Das ist eine tragische Entwicklung. Denn unwillkürlich orientiert sich durch die ständige Redeweise von *Gott dem Herrn* unser Gottesbild am menschlichen Herrn, und es neigt sehr dazu, sich Gott diesem Bild entsprechend vor allem zu denken als Herrn in höchster Vollendung, als den, der mit absoluter Autorität regiert, der das Schicksal der Welt und der Menschen lenkt und selbstverständlich zuerst und vor allem Unterwerfung verlangen kann. Unser und der Welt Schicksal liegt demnach allein in des Herrgotts Hand, und unser Part besteht vordringlich im Sich-Fügen, im Bitten um Erbarmen und im Flehen um Vergebung, Beistand und Gnade. Diese Vorstellung ist zugleich der beste Nährboden für die quälende Theodizee-Frage »Warum läßt Gott das Leid, auch das unverschuldete Leid zu?«.

Doch das Einzigartige am jüdisch-christlichen Gottesbild zeigt sich nun einmal darin, dasss es den Blick in eine ganz andere Richtung lenkt. Die biblische Botschaft verkündet, Gott übe seine »Herrschaft« gerade *nicht* so aus, wie man es von menschlichen Herren gewohnt ist, gerade nicht willkürlich, nicht alleinbestimmend, nicht unabhängig, nicht von oben herab, nicht absolute Unterwerfung fordernd. Vielmehr *liebe* Gott seine Menschen wie Eltern ihre Kinder, wie ein Bräutigam seine Braut. Gott erwarte, ja brauche geradezu unser Vertrauen, er ersehne unsere Gegenliebe, er werbe um unsere Herzen, er weise uns hohe Würde und Mitverantwortung zu in der Gestaltung der Welt. Gott sei, so heißt es in der biblischen Bildsprache, »herabgestiegen«, um seinen Menschen nahe zu sein. Er wolle sie aus eigenem Entschluß aus der Knechtschaft in die Freiheit rufen, er wolle ihnen selbst vorangehen auf dem langen und mühsamen Weg in das »gute und weite Land«. Gottes Erbarmen und Hilfe müssten nicht erst erfleht werden wie von den launischen Göttern der Antike. Seine überaus große Liebe zu den Menschen sei schon von vornherein Wirklichkeit, sein Entschluß, ihnen eine Zukunft im Shalom, im umfassenden Glück zu bereiten, stehe fest. Gott sei seinem Wesen nach für die Menschen *Ich-bin-da*.

Auch wer die Bibel nur als ein Glaubensbuch neben anderen betrachtet, kann sich von der Idee einer solchen Gottesvorstellung anregen lassen: Gott erscheint dabei als ein uns Menschen nahes *Ich*, bereit zum Ermutigen, Beistehen, Führen; ein Ich, das den Menschen ein verlockendes und lohnendes Ziel vor Augen stellt und den Weg dorthin mit zu gehen sich entschieden hat. Dieses *Ich* legt den Gedanken an ein personenhaftes Wesen nahe, und bleibt doch zugleich offen und unbestimmt, nicht auf eine Gestalt oder ein Geschlecht festgelegt, offen für viele Bilder, offen für die Erfahrung der mystischen Vereinigung mit dem eigenen menschlichen Ich, offen für stets neue Gedanken und für den Dialog mit ganz unterschiedlichen Weltanschauungen und Religionen.

Die Gottesvorstellung, die sich vor allem vom menschlichen Bild eines Herrschers inspirieren läßt, mutet eher an als eine *Phase* im Denken über Gott, die die Bibel selbst schon durchlaufen und in eine neue Sichtweise hinein überstiegen hat[18]. Gottes *Herr*schaft, Gottes Macht wird in den biblischen Schriften, überdeutlich in denen des Neuen Testamentes, zu jener Macht, die aus der freundlichen Zuwendung kommt, aus der Liebe, aus dem Entschluß zu dienen. Menschliche Monarchen und Diktatoren verstanden und verstehen ihre Macht in aller Regel als Befehlsgewalt, basierend auf Reichtum, Waffen und Durchsetzungswillen. Bilder und Titel wie Herr, Herrscher, König, stammen aus diesem Milieu. Wer sie jedoch auf Gott im Sinne der christlichen Lehre anwenden will, muss selbst in der Lage sein, Macht ganz anders zu verstehen: als Ergebnis dienender Gesinnung, als Frucht von Fürsorge und Liebe, basierend auf Gewaltlosigkeit, auf der Bereitschaft, zu vergeben und Pläne zu verändern – und er muss sicher sein, dass seine Zuhörer die irdisch-monarchische Bildsprache im Hinblick auf Gott ebenso verstehen. Diese Voraussetzung ist häufig nicht gegeben.

Das wiederum hat zur Folge, dass der Begriff *Herrschaft* ebenso wie der Titel *Herr* sich als äußerst mißverständliche Bezeichnung erweisen. Angesichts der biblischen Botschaft vom ermutigenden, liebenden Gott bedarf die Verwendung des Titels *Herr* einer Rechtfertigung und Erläuterung, während der Name *Ich-bin-da* aus sich heraus den Kern trifft.

Dass sich der *Herr* dennoch ungehindert mehrtausendfach in den biblischen Texten vor den Namen *Ich-bin-da* drängen konnte, dass er als Gottesanrede weltumfassend gebräuchlich und beliebt ist und als äußerst wichtig verteidigt wird, mag recht nachdenklich stimmen. Es waren nicht die kleinen und ungebildeten Leute, die an der Gottesidee von einem majestätischen Herrscher-Gott unbedingt festhalten wollten. Es waren und sind die christlichen Gelehrten und Hierarchen in allen Kirchen und Konfessionen in aller Welt, die den *Herrn* als Gottesbild und Gottesanrede willkommen hießen und bis heute keinen ernsthaften Versuch unternahmen, dem biblischen Gottesnamen *Ich-bin-da* wieder zu seinem Recht zu verhelfen. Sie pflegen lieber jene sogenannte »alte Tradition«: Wir sagen nun einmal *Herr* und nicht *Ich-bin-da*, und dabei soll es bleiben.

Zeigt sich hier vielleicht besonders deutlich, wie schwer es doch ist, den biblischen Weg der Gotteserkenntnis konsequent bis zum Ende mitzugehen? Zeigt sich hierin, welch hoher Anspruch darin liegt, an die Menschwerdung Gottes zu glauben, und unsere Vereinigung mit dem Mensch gewordenen Gott, das Leben Gottes in uns und aus uns heraus, wirklich ernst zu nehmen? Könnte es sein, dass die Verantwortlichen auch in den christlichen Kirchen es – wenn auch unbewußt – viel verlockender finden, einen in Macht und Hoheit gekleideten *Herrn* zu repräsentieren, als an der Seite eines »herabgestiegenen« Gottes geknechtete Menschen aufzurufen, Unmögliches zu wagen und in die Freiheit aufzubrechen? Besonders tragisch erscheint es mir, dass schon in der ersten Christengeneration das Bild eines *Herrn* mit großer Emphase auch auf Jesus projeziert wurde, auf den, der »gekommen ist, nicht zu herrschen, sondern zu dienen«, und der seine Jünger nicht mehr Knechte, sondern Freunde nannte (Joh.15,15).

Nichts hindert uns Heutige als mündig gewordene Christen, selbst damit zu beginnen, Gott als *Ich-bin-da* zu verstehen und ihn so zu nennen, wie er nach biblischem Verständnis genannt werden will. Die überkommenen monarchisch geprägten Denkmuster verlören dann wohl allmählich ihren Einfluß, und der Kern der biblischen Botschaft, die unvergleichliche Qualität biblischer Gedanken über Gott könnte unsere Weise zu glauben, ja unsere Weise zu leben, wirksamer prägen. Wir könnten spüren, welche Kraft in unserer biblischen Glaubenstradition enthalten ist – verkündet sie doch einen Gott, der Mut macht und dazu auffordert, miteinander aufzubrechen aus allem, was knechtet und erniedrigt, um zusammen mit ihm das zukünftige Land des Shalom zu finden.

Was für ein befreiender Glaube! Passender dafür als der problematische *Herr* sind andere Bilder, die uns die Bibel anbietet: allemal Vater oder Mutter, aber auch Braut oder Bräutigam, Freund oder Freundin, Führer, Befreier, Begleiter auf einem Weg, – zu solchen Vorstellungen lädt das Ich im Namen *Ich-bin-da* ein. Es ist offen für Vergleiche mit dem Odem, der um uns da ist und uns fortwährend durchströmt, offen für Vergleiche mit dem Grund, der uns trägt, mit

dem Licht, das uns leuchtet, mit Brot, das nährt, mit Wein, der das
Herz erfreut, mit Wasser, das den Durst stillt, mit Tau, der vom Himmel fiel, mit Flammen aus dem Dorngestrüpp, die brennen und
nichts verbrennen, mit Flammen, aus denen eine Stimme unsere Namen ruft und uns versichert: Ich bin euer Gott. Ich bin da. Vertraut
mir und macht euch auf den Weg in das Gute und Weite Land.

Anmerkungen zum Kommentar

[1] Martin Buber qualifiziert die Dornbusch-Erzählung in Exodus / 2. Mose 3, 1-15 als »eine religiöse Urkunde von fast unvergleichlicher Reinheit, in der jedes Wort davon zeugt, daß sie von der Hand eines frühen Propheten stammt, der von seiner eigenen Grunderfahrung aus die von der Tradition ihm dargebotenen Elemente bearbeitet hat.« (Schriften zur Bibel S. 57)

[2] Die häufig anzutreffende Übersetzung »Wie ist sein Name?« ist nicht korrekt, wie schon Martin Buber erläutert hat (Schriften zur Bibel, S.58).

[3] Vgl. Walter Kasper: »Der Name Gottes ist gleichsam die dem Menschen zugewandte Seite Gottes« (ders., Name und Wesen Gottes, S.178); Helen Schüngel-Straumann: »Der Name sagt immer etwas aus über das Wesen seines Trägers« (dies., Denn Gott bin ich, S.94).

[4] Ernst Bloch, Das Prinzip Hoffnung III, S.1457f.

[5] Was man über die sprachliche Entwicklung des Namens *Jahweh* weiß, fassen die Beiträge zu יהוה im Theologischen Wörterbuch zum Alten Testament zusammen, Bd.III, S.533-544, verfaßt von D.N.Freedman und P.O'Connor. Vgl. auch: Hartmut Gese, Der Name Gottes im Alten Testament, und Gisela Kittel, Der Name über alle Namen I, Göttingen 1993²; II, Göttingen ²1996.

[6] In seinem in Anmerkung 5 genannten Beitrag versichert D.N.Freedman, es gebe in der heutigen Forschung einen Konsens darüber, dass der Name

JHWH mit der Wurzel des hebräischen Wortes für *da sein, wirksam sein*, tatsächlich zusammenzubringen sei: היה als Wurzel von יהוה. Die Semitologen verweisen auf die amoritischen und die ugaritischen Wurzeln des Hebräischen. – Man muß bedenken: Die heute übliche Sprechweise *Jahweh* und *Ejeh* stammt aus der jüngsten Entwicklungsstufe des Hebräischen. Mit Sicherheit klangen beide Wörter zur Zeit der ersten schriftlichen Aufzeichnung der damals schon 300 Jahre lang nur mündlich überlieferten Mose-Geschichten (ca. 900 vor Chr.) anders als die heutige Variante, die auf dem »Masoreten-Text« (7. Jahrhundert nach Chr.) beruht. Man kann annehmen, dass die klangliche Verwandtschaft beider Wörter zu der Zeit, als dieses »Wortspiel« entstand, deutlicher hörbar war. – Für die *Umschrift* der hebräischen Worte mit lateinischen Lettern sind mehrere Variationen im Gebrauch: Jahweh, Jahwe, Yahweh (letztere vorwiegend im englischen Sprachraum); Ejeh, Ehjeh, Ehje, Ähjäh.

7 Schon Franz Rosenzweig hat 1929 Exodus/2.Mose 3,14b übersetzt (einschließlich der Großbuchstaben): »So sollst du zu den Söhnen Israels sprechen: ICH BIN DA schickt mich zu euch.« (Die Schrift, S. 37) und hat im betreffenden Beitrag dieses ICH BIN DA mehrmals verwendet. Martin Buber bevorzugt zwar die Futurform (»Ich werde dasein« oder »Ich werde mich erweisen«), verwendet aber daneben auch »Ich bin da« (z.B. in: Der Jude und sein Judentum, S.196). Als Beispiele aus neuerer Zeit für Autoren, die die Übersetzung »Ich bin da« gewählt haben, nenne ich: G.Hasenhüttl (Einführung S.30ff), Hans Küng (Existiert Gott? S.680), A.Deissler (Grundbotschaft S.50), Erich Zenger (Gottesbild; er fügt gern »für euch« oder »bei euch« hinzu); Clemens Thoma (Gott, S.221). Für »Ich bin da« in Exodus 3,14 hat man sich (auch wieder in der revidierten Ausgabe von 1996) in der verbreiteten Bibelausgabe *Die Gute Nachricht in heutigem Deutsch* entschieden, ebenso in der *Einheitsübersetzung* und in der *Bibel in gerechter Sprache*.

8 »Zwischen der Übersetzung ›Ich bin der Seiende‹ und dem ursprünglich
Gemeinten liegen Welten.« (H.Schüngel-Straumann, Denn Gott bin ich,
S.95). – Vergl. Werner H.Schmidt, Exodus Bd.I, S.176f und viele andere.
Hans Küng kommt zu dem Urteil, die »führenden Exegeten des Alten
Testamentes« hätten durchweg zu diesem Verständnis gefunden (Ders.,
Existiert Gott? S.680). Einige Beispiele seien zitiert. H.Schüngel-Strau-
mann: »Es handelt sich um ein Verb der Bewegung, und es wird hier verwendet, um das Dynamische an diesem Gott auszudrücken.« (Denn Gott
bin ich, S.95); G.Hasenhüttl: »Nicht ruhendes Sein, sondern... Ereignis
ist hier die grundlegende Bedeutung« (Einführung, S.29, mit Verweis auf
A.Deissler, Der Gott des Alten Testamentes, S.52); Hartmut Gese: Hier
wird nicht ein »statisches Sein« ausgedrückt, sondern ein »dynamisches,
wirkendes Sein« (Der Name Gottes, S.81); Walter Kasper: Jahweh wird
hier gedeutet als »der Da-Seiende, derjenige, der mit euch und für euch
ist auf eurem Weg« (Name und Wesen Gottes, S.178); Bärbel von Wartenberg-Potter: Das hebräische Wort besagt hier »Ich werde erfahrbar
bleiben, handeln, begegnen... Die Daseins-Frage ist aus völlig anderem
Holz geschnitzt als die Seinsfrage« (Wir werden unsere Harfen, S.121f).
– Einer von der griechischen Philosophie stark beeinflußten Gottesvorstellung und deren Auswirkungen auf Theologie und Kirchen geht Mary
Daly nach in: Kirche, Frau und Sexus, S.177–195.

9 Franz Rosenzweig umschreibt als seine Erkenntnis: Indem die Stimme
Gottes aus dem Feuer den alten Namen mit der Bedeutung *ejeh, ich-bin-da,*
neu füllte, habe sich der Gottesname gewandelt zum *Inbegriff der biblischen
Botschaft.* Er vergleicht diesen Vorgang mit der Macht einer Feuersglut, die
sich durch die mehrtausendfache Verwendung dieses Namens über die ganze Bibel verteilt und sie durchdrungen habe. Vgl. Ders., Die Schrift, S.47.

10 Es lasse sich »mit keiner anderen Gottesgestalt der Religionsgeschichte

vergleichen«, urteilt Martin Buber, wie sich das biblische Gottesbild zeige: Gott tritt an die von ihm erwählten Menschen heran, beauftragt sie, schließt einen Bund mit ihnen, holt sie aus ihrer Umwelt heraus, schickt sie auf neue Wege, und geht selber unsichtbar mit ihnen und führt sie. Vgl. Ders., Schriften zur Bibel, S.52f.

[11] Den Nachweis führt Franz Rosenzweig in: Die Schrift, S.48. Bestimmte Kriterien erlauben demnach die Folgerung, die »Schlußredaktion« der hebräischen Bibel lasse die Absicht erkennen, das Tetragramm JHWH solle »nie als bloßer Name allein, sondern immer mit dem vollen Spannungswert seiner theologischen Ladung, mit der es am Dornbusch erfüllt worden war«, auftreten.

[12] Die Schrift, S.47.

[13] Über den Einfluß griechischen Denkens auf die abendländische Theologie reflektiert Dorothee Sölle in: Gott denken, S.234f.

[14] Er betonte in diesem Zusammenhang auch, dass es keinen Sinn ergebe, den Namen *Jahweh* in seiner hebräischen Form beim Übersetzen einfach in andere Sprachen hinein zu übernehmen. Es komme auf die Aussage des Namens an, die in unserer Sprache aus *Jahweh* nicht herauszuhören wäre. Vgl. F.Rosenzweig, Die Schrift, S.47f. Ständig von *Jahweh* zu sprechen, würde zudem nach wie vor das religiöse Empfinden der Juden verletzen.

[15] Der Gedanke, etwa die unter Christen übliche Wiedergabe durch *Herr* zu übernehmen, »wurde uns immer unerträglicher«, erzählt Franz Rosenzweig in einem Brief, »weil es ja einfach falsch ist«, ja »bis zur Verzweiflung unerträglich«. (Brief an Martin Goldner vom 23. Juni 1927, publiziert in: Franz Rosenzweig, Briefe, Schocken-Verlag 1935, S.599.)

[17] Die Autorinnen und Autoren der kürzlich herausgegebenen *Bibel in gerechter Sprache* haben sich dafür entschieden, den Gottesnamen abwechselnd durch Begriffe wiederzugeben, die sie als geeignete Umschreibungen oder traditionelle Ersatzbezeichnungen des Gottesnamens anbieten, vor allem *der Lebendige, der Heilige, der Ewige, Er, Sie, ha-Makom, Adonaj*. In dieser Reihe taucht auch der Gottesname *Ich-bin-da* als eine unter vielen Möglichkeiten auf. Dem schon von Franz Rosenzweig klar herausgearbeiteten Anliegen der Bibel wird diese Bezeichnungs-Serie nicht gerecht. Vor allem die Begründung, Gott habe in der Bibel einen »Eigennamen« (Jahweh), der »unaussprechbar« sei und für den darum »Lesemöglichkeiten« angeboten werden müßten, mutet seltsam an und übersieht den Fortschritt in der Gottesvorstellung bereits in der Bibel selbst. Gott bestätigt ja gerade nicht jenen alten »Eigennamen« *Jahweh* um seiner selbst willen, sondern verleiht ihm einen *neuen Inhalt*, der die menschliche Weise, Gott zu benennen und anzusprechen, verbindlich und dauerhaft prägen soll (»So sollt ihr mich nennen von Geschlecht zu Geschlecht«). Dieser Namens*inhalt*, auf den allein es ankommt, ist *Ich-bin-da,* er ist sowohl begreifbar als auch aussprechbar, und seine Verwendung ist ausdrücklich erwünscht. Eine Ersatzbezeichnung ist unnötig und verstößt aus biblischer Sicht sogar gegen die Anweisung Gottes.

[18] Gotthold Hasenhüttl faßt diese Erkenntnis so zusammen: Zunächst werden in der alttestamentlichen Darstellung Gottes als »Herr« noch »Leihgaben anderer Götter gebündelt«. Damit war man noch nicht tiefer eingedrungen in das Geheimnis Gottes, denn »mächtige Herren« waren ja alle Götter. Allmählich aber begriff Israel durch die »Urerfahrung des Befreitwerdens«: Gott ist »im Ereignis als das Stärkere und Gute«, das

vom Menschen das Weitergeben der Befreiungserfahrung fordert. »Entscheidend« dafür ist nach Hasenhüttl die JHWH-Botschaft »Ich bin da«. (Ders., Einführung, S.37)

Literaturverzeichnis

Baeck, Leo

Dieses Volk. Jüdische Existenz, 2 Bde., Frankfurt 1955–57

Bloch, Ernst

Das Prinzip Hoffnung. Ausgabe in drei Bänden, Frankfurt 1967

Buber, Martin

(1) Die Erzählungen der Chassidim, Zürich 1949

(2) Schriften zur Philosophie, München-Heidelberg 1962

(3) Schriften zur Bibel, München-Heidelberg 1964

(4) Der Jude und sein Judentum. Gesammelte Aufsätze
und Reden, Köln 1963

Deissler, Alfons

(1) Der Gott des Alten Testaments, in: J.Ratzinger (Hrsg.), Die Frage
nach Gott, Freiburg 1972

(2) Die Bundespartnerschaft des Menschen mit Gott als Hinwen-
dung zur Welt und zum Mitmenschen – eine unübersehbare Botschaft der frühen altbundlichen Offenbarung, in: J.B.Metz (Hrsg.),
Weltverständnis im Glauben, Mainz 1965, S.203-223.

(3) Die Grundbotschaft des Alten Testaments. Ein theologischer
Durchblick, Freiburg 1972

Fitzmeyer, Joseph A.

Der semitische Hintergrund des neutestamentlichen Kyriostitels, in: Jesus Christus in Historie und Theologie, Festschrift für Heinrich Conzelmann, Tübingen 1975, S. 267–289

Freedman, D.N.

Artikel יהוה im Theologischen Wörterbuch zum Alten Testament, Stuttgart-Basel-Köln-Mainz 1977ff, Bd.III, S.533–554

Friedlander, Albert H.

Die Exodus-Tradition. Geschichte und Heilsgeschichte aus jüdischer Sicht, in: Exodus und Kreuz im ökumensichen Dialog zwischen Juden und Christen (hrsgg. v. Hans Henrix und Martin Stöhr), Aachen 1978, S. 30–44.

Fromm, Erich

Ihr werdet sein wie Gott. Eine radikale Interpretation des Alten Testaments und seiner Tradition, Stuttgart 1982

Gerstenberger, Erhard S.

Jahwe – ein patriarchaler Gott? Traditionelles Gottesbild und feministische Theologie, Stuttgart-Berlin-Köln-Mainz 1988

Gese, Hartmut

Der Name Gottes im Alten Testament, in: Heinrich von Stietencron (Hrsg.), Der Name Gottes, Düsseldorf 1975, S. 75–89

Gutiérrez, Gustavo

Theologie der Befreiung, München-Mainz [6]1982

Hasenhüttl, Gotthold

Einführung in die Gotteslehre, Darmstadt 1980

Hofmann, Manfred

Identifikation mit dem Anderen. Theologische Themen und ihr hermeneutischer Ort bei lateinamerikanischen Theologen der Befreiung, Göttingen 1978

Jüdisches Lexikon

Begründet von G.Herlitz und B.Kirschner, 2 Bde., Berlin 1927ff

Kasper, Walter

Name und Wesen Gottes. Problem und Möglichkeit des theologischen Sprechens von Gott, in: Heinrich von Stietencron (Hrsg.), Der Name Gottes, Düsseldorf 1975, S. 176–190

Kittel, Gisela

Der Name über alle Namen I, Patmos-Verlag [2]1993; Der Name über alle Namen II. Biblische Theologie/NT, Patmos-Verlag [2]1996

Küng, Hans

Existiert Gott? Antwort auf die Gottesfrage der Neuzeit, München–Zürich 1978

Levinson, Nathan Peter

Ein Rabbiner erklärt die Bibel, Münschen 1982

Lohfink, Norbert

Unsere großen Wörter. Das Alte Testament zu Themen dieser Jahre, Freiburg 1977

Lutherbibel erklärt

Die Heilige Schrift in der Übersetzung Martin Luthers mit Erläuterungen für die bibellesende Gemeinde, Bibelanstalt Stuttgart, 1974

Moltmann-Wendel, Elisabeth

Gott aus dem patriarchalen Gefängnis befreien, in: Angelika Schmidt-Biesalski (Hrsg.), Befreit zu Rede und Tanz. Frauen umschreiben ihr Gottesbild, Stuttgart 1989, S. 9–19

Munoz, Ronaldo

Der Gott der Christen (Bibliothek Theolgie der Befreiung), Düsseldorf 1987

Mussner, Franz

Traktat über die Juden, München 1979

Preuß, H.D.

Jahweglaube und Zukunftserwartung, Stuttgart-Basel-Köln-Mainz 1968

Rosenzweig, Franz

»Der Ewige« – Mendelssohn und der Gottesname, in: Franz Rosenzweig, Die Schrift, Aufsätze, Übertragungen und Briefe (hrsgg. von Karl Thieme), Königstein/Ts. 1984, S. 34–50

Schedl, Claus

Zur Theologie des Alten Testaments. Der göttliche Sprachvorgang in Schöpfung und Geschichte, Freiburg 1986

Schillebeeckx, Edward

Christus und die Christen. Die Geschichte einer neuen Lebenspraxis, Freiburg-Basel-Wien 1977

Schmid, Rudolf

Das Buch Exodus. Bd.III des »Stuttgarter Kleinen Kommentars«, Stuttgart 1977

Schmidt, Werner H.

Exodus Bd.I, Neukirchen 1988 (Reihe: Biblischer Kommentar zum Alten Testament, begr. v. Martin Noth, Neukirchen 1974ff)

Schubert, Kurt

Die Religion des Judentums, Leipzig 1992

Schüngel-Straumann, Helen

Denn Gott bin ich, und kein Mann. Gottesbilder im Ersten Testament, feministisch betrachtet, Mainz 1996

Sölle, Dorothee

(1) Gott denken. Einführung in die Theologie, Stuttgart 1990

(2) Mystik und Widerstand. »Du stilles Geschrei«, Hamburg [3]1997

Steffensky, Fulbert

Gott und Mensch – Herr und Knecht? Autoritäre Religion und menschliche Befreiung im Religionsbuch, Hamburg 1973

Stietencron, Heinrich von (Hrsg.)

Der Name Gottes, Düsseldorf 1975

Thoma, Clemens

Artikel »Gott« (IV: Im Judentum), in: Lexikon der
Religionen (hrsgg. von Hans Waldenfels), Freiburg-Basel-Wien 1987,
S.221–223

Vetter, D.

Artikel »Gott« im Lexikon religiöser Grundbegriffe (hrsgg. v. A.Th.
Khoury), Graz-Wien-Köln 1987, S.395–411

Wartenberg-Potter, Bärbel von

Wir werden unsere Harfen nicht an die Weiden hängen. Engagement
und Spiritualität, Stuttgart 1986

Zenger, Erich

Der Gott Israels eifert mit heiligem Eifer um sein Volk. Das Gottesbild des Alten Testamentes I, in: Gottesbilder: die Rede von Gott
zwischen Tradition und Moderne (hrsgg. von Jürgen Hoeren und
Michael Kessler), Stuttgart 1988